Acima de tudo

Maximiliano Tozzini Bavaresco

Acima de tudo

Estratégia, gestão, marketing e design
para antecipar o futuro, entender seus clientes
e fazer sua empresa crescer

SEXTANTE

preparo de originais: Virginie Leite

revisão: Luis Américo Costa e Sheila Louzada

projeto gráfico e diagramação: Editora Sextante

gráficos: Equipe SONNE

capa: Cristofer Marinho

impressão e acabamento: Lis Gráfica e Editora Ltda.

CIP-BRASIL. CATALOGAÇÃO NA PUBLICAÇÃO
SINDICATO NACIONAL DOS EDITORES DE LIVROS, RJ

B343a Bavaresco, Maximiliano Tozzini
Acima de tudo/ Maximiliano Tozzini Bavaresco. Rio de Janeiro: Sextante, 2020.
240 p.; 16 x 23 cm.

Inclui bibliografia
ISBN 978-85-431-0872-8

1. Administração. 2. Estratégia empresarial. I. Título.

20-63492 CDD: 658.827
CDU: 658.627

GMT Editores Ltda.
Rua Voluntários da Pátria, 45 – Gr. 1.404 – Botafogo
22270-000 – Rio de Janeiro – RJ
Tel.: (21) 2538-4100 – Fax: (21) 2286-9244
E-mail: atendimento@sextante.com.br
www.sextante.com.br

Dedico este livro à minha esposa, namorada e maior amiga, Tetê, a quem amo sempre, para sempre.

Aos meus filhos, Bernardo e Antonia, que são a essência de nós e da nossa união. Meu amor por eles é infinito e não cabe em palavras; eles são a razão da minha vida e meu verdadeiro legado.

Aos meus pais, Alexandre e Liana, que sempre me amaram e me apoiaram incondicionalmente; meu sangue e minha origem.

Ao meu irmão, Alexandre, que sempre me valorizou e me ajudou em tudo; meu braço direito e meu braço esquerdo.

Vocês são a mais pura definição de família, a minha família nesta e em qualquer outra vida.

Agradeço a Deus pelo que sou, por tudo que vivi e viverei com vocês!

Sumário

Prólogo

Em março de 2020, este livro estava pronto para entrar em gráfica. Mas, enquanto desenhávamos os planos para o lançamento, aconteceu o imponderável. Um vírus novo, muito contagioso, que havia surgido no fim de 2019 na China, se espalhou pelo mundo, fazendo com que muitos países adotassem o isolamento social e, em alguns casos, um sistema de *lockdown*, em que apenas os serviços essenciais podem funcionar. Fronteiras foram fechadas e bilhões de pessoas tiveram que ficar dentro de casa para evitar o contágio exponencial e o colapso dos sistemas de saúde. Indústria, comércio, hotéis, restaurantes, escolas, companhias aéreas cerraram suas portas. Milhões de empregos e bilhões em riqueza evaporaram. De um dia para o outro, segmentos inteiros viram sua receita esfarelar.

A pandemia da Covid-19 não estava no planejamento estratégico de nenhuma empresa. Simplesmente porque não costumamos trazer catástrofes de tamanha magnitude para o planejamento de um negócio. No entanto, é em momentos de extremo estresse que a combinação de liderança com repertório estratégico decide o destino das organizações.

Há aquelas que não sobreviverão à pandemia e farão parte da maior catástrofe empresarial das últimas décadas. Há outras que conseguirão se recuperar apesar do forte revés. Por fim, há empresas que sairão desse período melhores e maiores. É nesta última categoria que eu espero que o seu negócio esteja quando tudo isso passar.

Em meio ao medo e à incerteza estão as maiores oportunidades. Lembre-se disso e prepare-se para quando tiver que enfrentar novos contratempos.

O objetivo deste livro é contribuir para a construção do repertório estratégico imprescindível a fim de superar não apenas esta pandemia, mas quaisquer desafios da vida organizacional. A Covid-19 deixará consequências que ainda não é possível calcular, mas, depois dela, as empresas continuarão às voltas com fenômenos igualmente disruptivos e devastadores, como a mudança de hábitos das pessoas, cujo impacto pode ser ainda mais brutal.

A estratégia está no coração do conceito que apresentarei nas páginas a seguir e constitui a interseção entre os três pilares que o compõem: gestão, marketing e design. Com o auxílio das nossas metodologias, estou certo de que, independentemente da complexidade dos problemas, ou mesmo se ocorrer o colapso de um setor inteiro, um líder preparado saberá encontrar uma saída.

Parece impossível no atual cenário? Pois já existem diversos negócios vislumbrando as oportunidades nascidas desta crise, até lucrando com elas. Algumas empresas anunciaram que, diante da alta produtividade observada, todo o time continuará em home office até o final do ano, enquanto outras definiram que esse será o modo operacional definitivo. Arquitetos se preparam para atender à demanda crescente por home offices que deverão funcionar melhor que uma estação de trabalho na empresa.

Com o turismo em baixa, hotéis estão considerando a oferta de estadias alongadas – um aluguel com serviços – e outros formatos de negócio para utilização dos seus ativos, antes usados exclusivamente para hospedagem de viajantes. Prestadores de serviços se preparam para explorar mercados além dos seus territórios, pois perceberam que novas alianças internacionais estão a uma videoconferência de distância. Fabricantes de equipamentos, de tecidos, de embalagens, de alimentos se organizam para oferecer produtos mais seguros e adequados a consumidores de todas as áreas, criando novos mercados.

Há cada vez mais gente pensando no futuro. Este livro é um convite a que você também se "transporte" para esse novo tempo, usando como passaporte o conceito que aprenderá aqui e que já foi aplicado com êxito em dezenas de empresas dos mais variados setores.

Introdução

Era uma empresa grande, sólida, reconhecida e pioneira em seu mercado de atuação. No ano anterior, havia faturado cerca de 1 bilhão de reais. Na primeira reunião que eu e meu time de consultores tivemos com a diretoria, veio a demanda clássica, que já ouvi dezenas de vezes, mas que nunca deixa de me surpreender e, por vezes, até mesmo consternar.

– Chamamos vocês aqui porque precisamos redesenhar nosso logotipo – disse o CEO da empresa.

– Por quê? Falem mais sobre essa necessidade – pedi.

– Porque nossos principais concorrentes fizeram isso – respondeu o diretor de marketing.

Respirei fundo. Esse é um argumento que ouço com frequência, mas prossegui com calma porque entendo a angústia que os gestores sentem.

– E por que isso os motivou a fazer o mesmo?

– Achamos que está na hora de também fazermos esse movimento – endossou o CEO.

Refleti brevemente antes de tentar outra abordagem:

– Entendo. Mas qual é a estratégia do seu negócio?

O diretor de marketing se mostrou impaciente:

– Não estamos trabalhando a estratégia neste momento. Temos outras prioridades, como redesenhar o logo. Dispomos de 40 mil reais e precisamos que tudo esteja pronto em 45 dias. A companhia faz aniversário e queremos comemorar a data já com a nova marca.

Vamos recapitular: uma grande empresa, com mais de duas décadas no mercado e faturamento anual de 1 bilhão de reais, quer redesenhar sua marca porque os concorrentes fizeram o mesmo recentemente. E isso a tempo das festividades de aniversário e com um orçamento enxuto levando em conta o tamanho da companhia.

Essa história é real, embora alguns detalhes tenham sido alterados para preservar a identidade dos envolvidos.

Fico me perguntando como essa empresa chegou aonde chegou. Provavelmente, ao se lançar no mercado, tinha algum ativo muito valioso graças ao qual cresceu e prosperou. Porém sua trajetória de sucesso não garante um futuro eternamente próspero. A julgar pela amostra da reunião, eu diria que ela tem problemas estruturais com potencial para comprometer seu avanço nos próximos anos. Diria ainda que está atacando o ponto errado (o logotipo) e pela razão errada (correr atrás da concorrência). No entanto, é assim que a maioria das empresas brasileiras se relaciona com o conceito de branding.

O QUE É BRANDING E O QUE É MARCA

Se você perguntar a um empresário bem informado o que é branding, ouvirá, provavelmente, que se trata de algo relacionado à identidade de marca. Que está atrelado à comunicação, ao logotipo, à embalagem dos produtos daquela marca. Branding, no entanto, é muito mais do que isso, ainda que esses aspectos de comunicação e design, ou seja, de *expressão* do branding, estejam mais próximos de nós do que os outros elementos que, a meu ver, compõem o conceito.

Branding é um processo ininterrupto que se inicia no momento em que alguém diz: "Tenho uma ideia e quero criar um novo negócio." Ele já existe quando se contrata o primeiro funcionário, quando se nomeia o empreendimento e se vai ao mercado. Definiu a cor da marca? Está fazendo branding. Instalou um telefone comercial, pôs um site no ar, imprimiu o cartão de visita? É branding. Conscientemente ou não, praticamos o branding desde o dia 1 da decisão de empreender. Não é um projeto com começo, meio e fim, como tantas companhias – especialmente as brasileiras – acreditam.

Como qualquer termo em inglês no gerúndio, branding designa *algo que está acontecendo agora e de maneira contínua*. É muito diferente da prática, tão difundida entre as empresas, de convocar uma agência, anunciar a intenção de criar um "novo branding", explicar o que se deseja, aguardar pela proposta, realizar ajustes e pronto!

O branding é dinâmico, complexo e interliga todas as áreas da empresa, de maneira holística e indissociável.

Nenhuma empresa foi feita para acabar. Assim também é o branding, que deve ser pensado como algo cíclico, ininterrupto, sustentável e de longo prazo, ou melhor, perene.

No meio empresarial, e mesmo entre profissionais que se apresentam como especialistas em branding, é comum haver certa confusão na conceituação de branding e de marca. Branding, como já disse, é um processo de alta complexidade que se inicia no momento em que a organização descobre sua vocação e define a si mesma. Marca, embora muito importante, é apenas a representação visual do nome de uma empresa, uma entidade ou um produto. É uma microporção do todo.

Como minha consultoria, a SONNE, foi responsável pelo desenho de algumas marcas que se tornaram importantes em seus segmentos, é natural que sejamos procurados para refazer o branding de empresas ou produtos. Em 99% dos casos, o que se deseja é um simples redesenho da marca, revelando uma completa incompreensão do conceito. Nesse momento, explicamos que é impossível refazer o tal do "branding" sem um mergulho na estratégia da empresa, sem um resgate da sua história, sem compreender como ela opera e onde espera estar nos próximos cinco, dez, vinte anos.

Diante de nossa argumentação, muitos executivos simplesmente recuam. Assim como nós, muitas vezes, recusamos um trabalho por compreender que criar ou redesenhar uma marca *per se*, por razões meramente estéticas ou circunstanciais, é quase sempre inócuo e representa um tremendo desperdício de recursos – em especial, tempo e dinheiro. A longo prazo, pode-se falar até em perda de reputação.

Avaliar a estratégia e a vocação e definir o futuro é um caminho que pode ser longo e árido. Pode escavar erros de gestão do passado e provocar uma reflexão dura sobre as consequências desses erros no presente e também no futuro. No entanto, entre as dezenas de empresas que aceitaram nosso desafio e se dispuseram a fazer uma autoanálise profunda para então rever o processo de branding – e, por fim, construir uma marca e sua identidade –, os resultados foram recompensadores, como se verá ao longo deste livro.

Essas empresas revisitaram sua razão de existir e elaboraram estratégias que, levando em conta a gestão, o marketing e o design, produziram uma experiência de marca única, que envolveu inovação ao longo de todo o processo e geração de conhecimento das mais variadas formas, trazendo à tona revelações valiosíssimas. Todos esses elementos, somados, criam uma jornada transformadora e profundamente satisfatória para os clientes - o que, no fim das contas, é o maior objetivo de qualquer organização que deseja se perpetuar.

Quando se compara a estrutura do branding à da própria empresa, é inevitável pensar em vocação e em planejamento estratégico. Por que vocação? Porque ela é a mola propulsora do surgimento de um negócio. De maneira simples e irrefutável, trata-se do ponto de partida, o big bang que permite o nascimento de mais uma empresa, a concretização de uma ideia. É da vocação que se origina a estratégia empresarial. Branding e planejamento estratégico andam de mãos dadas.

Caso se deseje abrir quer um restaurante de comida a quilo, quer uma indústria de base tecnológica, quer uma startup, é preciso planejar. Não importa que o planejamento seja incipiente, escrito à mão em uma folha de papel e expresso em quadrantes simples, nos quais se comece a definir os objetivos da empresa, como atingi-los, que diferenciais serão oferecidos ao mercado e o que se gostaria de ouvir nos próximos anos das pessoas que tiverem uma experiência com a marca - mesmo nessa etapa tão seminal já existe vida, já está em curso o processo do branding.

POR QUE O BRANDING É MILENAR

O branding não é uma descoberta dos profissionais de marketing do nosso tempo, é um processo ancestral.

Há cerca de 40 mil anos, quando nossos antepassados registravam seu dia a dia nas paredes das cavernas, estavam de certa maneira deixando ali sua marca, a representação de um estilo de vida que desejavam perpetuar - exatamente como hoje compreendemos o conceito de branding. As cenas de grandes animais, como bisões, cervos e cavalos, às vezes interagindo com figuras humanas, sugerem caçadas e lutas, eternizadas nas paredes com tintas à base de argilas de cores diferentes, preparadas com minerais triturados e até mesmo sangue. Embora sejam de interpretação difícil e autoria nem sempre simples de definir, as pinturas rupestres podem ser consideradas uma assinatura, possivelmente distinguindo um grupo de outro.

O maior projeto de branding do mundo foi elaborado pelo cristianismo. A maior marca que existe é Jesus Cristo, um homem que viveu há 2 mil anos, protagonizou ações precisas e estrategicamente brilhantes, criou códigos, símbolos e rituais e, graças a isso, conquistou uma legião global de seguidores – em uma época na qual não existiam fãs nem curtidas. Cristo conseguiu o maior índice de engajamento da história da humanidade. É uma marca na acepção mais clássica do tema, com lojas (as igrejas e templos espalhados pelo mundo todo), rituais que conduzem a experiências de marca (por exemplo, a comunhão, no caso da Igreja Católica), símbolos potentes (a cruz) e até uma arquitetura de marca que engloba diferentes produtos e segmentos de atuação. Deixou como legado um grande manual de sua organização, o Novo Testamento da Bíblia. E mesmo há dois milênios havia uma vocação e uma estratégia – levar a palavra divina a todos os povos –, além de uma gestão para colocá-las em prática, com deslocamentos constantes e toda a logística que, com o tempo, passou a envolver a multidão de devotos de Jesus.

No entanto, a extensão do conceito de branding ainda é pouco compreendida entre as empresas mundo afora e mesmo entre os profissionais que, em tese, se credenciaram para orientá-las. Na raiz dessa deficiência está um traço cultural muito forte nos tempos de hoje, e não apenas em nosso país, mas globalmente: o imediatismo e a fixação nas soluções de curto prazo, em oposição ao tempo de maturação que o branding pede naturalmente, por se tratar de processo e não de projeto.

O MAIOR INIMIGO DO BRANDING

Na década de 1940, nos Estados Unidos, um repórter perguntou ao comediante Eddie Cantor (1892-1964) qual era a fórmula para fazer sucesso "da noite para o dia". Cantor, que tinha estreado nos palcos de Nova York em 1917, com apenas 15 anos, e vinha construindo uma carreira tijolo por tijolo desde então, soltou esta tirada: "Eu fiz sucesso da noite para o dia em 20 anos."

Muitas empresas querem fazer sucesso da noite para o dia, sem considerar a jornada necessária para se chegar a esse ponto. Em geral, uma companhia que se estrutura para crescer de maneira robusta, sustentando-se ano após ano no mercado, atualizando-se continuamente e buscando se apropriar de novas tecnologias e atender às novas demandas dos consumidores, caminha contra a corrente da maioria das práticas de mercado. Essas práticas, como sabemos, estimulam o resultado do mês, a maximização dos lucros no menor tempo possível, a captura de investidores e os bônus dos executivos, entre outras atitudes que nada têm a ver com branding.

No primeiro contato com as empresas, é muito comum ouvir comentários do tipo: "A gente tem milhões de problemas." Ocorre que esses problemas não serão resolvidos por decreto em 90 dias nem com mudanças na comunicação ou no design dos produtos. Em geral, eles já foram diagnosticados com clareza pelo próprio time, porém a solução pede um trabalho amplo, que pode exigir uma transformação na cultura da empresa. Talvez seja necessário adotar novos comportamentos no dia a dia até que os clientes/consumidores percebam algo diferente naquela companhia e naquela marca. Isso demora. No entanto, o que se deseja é resolver os problemas do presente e às vezes até mesmo os do futuro sem compreender que as características que levaram aquela empresa até aquele estágio provavelmente não garantirão seu sucesso nos próximos anos.

Um sintoma do forte traço imediatista do empresariado brasileiro é a quase inexistência de marcas brasileiras que tenham se tornado globais. Sem contar gigantes como a Ambev e uma ou outra exceção, o que temos por aqui são empresas que abrem lojas em avenidas europeias e em shoppings americanos e passam a se declarar globais. Uma marca verdadeiramente global é conhecida em todos os lugares e tem canais de vendas espalhados pelo mundo. Para entrar no mercado americano, talvez o principal alvo das marcas brasileiras que se esforçam para garantir esse rótulo, ter 200 lojas é um número inicial aceitável, segundo as grandes consultorias internacionais.

Imagine uma marca global que opera de maneira complexa, interligando todas as manifestações e interações do branding, e que queira desembarcar no Brasil. Quando planeja esse movimento, ela sabe exatamente como quer entrar, como se dará seu posicionamento mercadológico, quais linhas e categorias de produtos serão ofertados, como serão as embalagens de seus produtos (quase sempre identificáveis onde quer que se esteja), em que linhas gerais se darão sua comunicação e seus pilares de relacionamento.

Entre as companhias brasileiras, diferentemente, o que se tem é um troca-troca permanente de executivos e em especial de agências e, por consequência, reposicionamentos e redesenhos frequentes de estratégia – sem o mergulho necessário para garantir seu sucesso.

BRANDING É REFLEXO DA GESTÃO, NÃO DA PUBLICIDADE

Nosso diagnóstico é que isso ocorre por conta do conceito frágil e equivocado do branding adotado pela maioria das empresas. Um levantamento realizado por minha consultoria revelou que em 2017 houve mais de 300 trocas de agência pelos maiores anunciantes do Brasil. Em 2018, esse número caiu um pouco, para 277, mas ainda é muito expressivo. Há algo errado. A mudança quase sempre tem como objetivo melhorar o desempenho, ou seja, ataca-se o efeito (uma queda nas vendas, por exemplo) apontando-se um culpado (a agência). Não há um aprofundamento real para se chegar à causa do mau resultado – que, possivelmente, está na falta de planejamento estratégico e nas práticas da própria empresa.

Como consultor, todos os dias deparo com situações semelhantes: empresas estagnadas, quando não claramente degradadas, com lucratividade e participação de mercado em queda e, pior, perdendo relevância perante seus consumidores/clientes, com executivos batendo cabeça e consultores propondo malabarismos e planos de ação inconsistentes e superficiais. O que ninguém parece perceber é que o problema quase sempre está na **gestão**.

A gestão empresarial é o pilar desconhecido do branding.

A maior prova disso é que raramente uma consultoria de branding, uma agência de propaganda ou um escritório de design se preocupa em perguntar como é a gestão da empresa que pretende contratar seus serviços, tampouco oferece soluções atreladas à gestão. Mesmo que percebam a profundidade do desafio, poucos têm a honestidade de dizer: "Se você não mudar as questões empresariais do seu negócio, de nada adiantará o meu escritório redesenhar a sua marca, sua embalagem ou repaginar sua loja."

Ao longo da minha vida profissional, sempre adotei essa postura. Eu já disse para alguns clientes (e, naturalmente, os perdi): "Prefiro não realizar este trabalho porque acredito que sua empresa precisa de muito mais. Precisa de uma estratégia antes de qualquer outra coisa. Portanto, qualquer marca que minha equipe desenhar será fraca e sem personalidade. Se eu não conhecer a sua empresa, se não entender o modo como você quer que o negócio funcione e que mensagens deseja transmitir a seus consumidores/clientes, nosso trabalho será em vão." Essa é minha definição de respeito ao cliente: não compactuar com o erro, buscando alertá-lo de que o problema – e, consequentemente, a solução – pode estar em outro lugar, quase sempre da porta para dentro.

Evidentemente, é raro que eu e meus consultores sejamos procurados por uma companhia que navega em céu de brigadeiro, batendo meta sobre meta, abocanhando mais e mais mercados. Essas costumam achar (e em geral estão erradas) que, se continuarem no mesmo caminho, o sucesso nunca vai abandoná-las. Consultores, como sabemos, são chamados nos momentos de crise, de queda de vendas, de ataques da concorrência ou de anomalias nos resultados. Da mesma forma, nessas situações encorajo as organizações a avaliarem com senso crítico o que está acontecendo e por quê. A crise, por exemplo, vilã cíclica, raramente tem a ver com o momento individual e atual da empresa: a culpa é de quem não viu o maremoto se aproximando e não planejou. De novo, tem a ver com a gestão.

Há alguns anos, trabalhei no reposicionamento mercadológico de um grande varejista de pneus e, lá, aprendi de maneira prática e dura o valor do planejamento. Avaliando o mau resultado de vendas de um mês particularmente chuvoso, defendi a tese de que, por causa do tempo instável, as pessoas trocavam menos pneus – afinal, argumentei, é desconfortável sair a pé da loja, toma-se chuva, etc. (estamos falando de uma época na qual não existiam ainda os aplicativos de mobilidade). Sabia-se, por dados consolidados de outros anos, que o movimento nas lojas caía nos meses chuvosos, porém um conselheiro me questionou: "Isso tudo eu sei. O que quero saber agora é o que você pode fazer para que todas as pessoas que decidirem trocar os pneus do carro em dias chuvosos façam isso nas nossas lojas." De minha parte, faltou, ali, fazer a pergunta certa. E essa pergunta tem a ver com a gestão.

O objetivo deste livro é evidenciar a conexão entre disciplinas distintas que, somadas, compõem o que é de fato o branding: o design, o marketing e, sobretudo, a gestão, o tal elo desconhecido sem o qual tantas empresas continuarão rodando em falso, trocando de agência a cada triênio sem identificar internamente seus pontos fracos e fortes. Acredito que toda empresa guarda em si o diagnóstico preciso de seus problemas e também as soluções para eles. É desse garimpo, tão difícil para tantas porém tão rico para as que conseguem fazê-lo, que trata esta obra.

UM NOVO CONCEITO: ABOVE ALL©

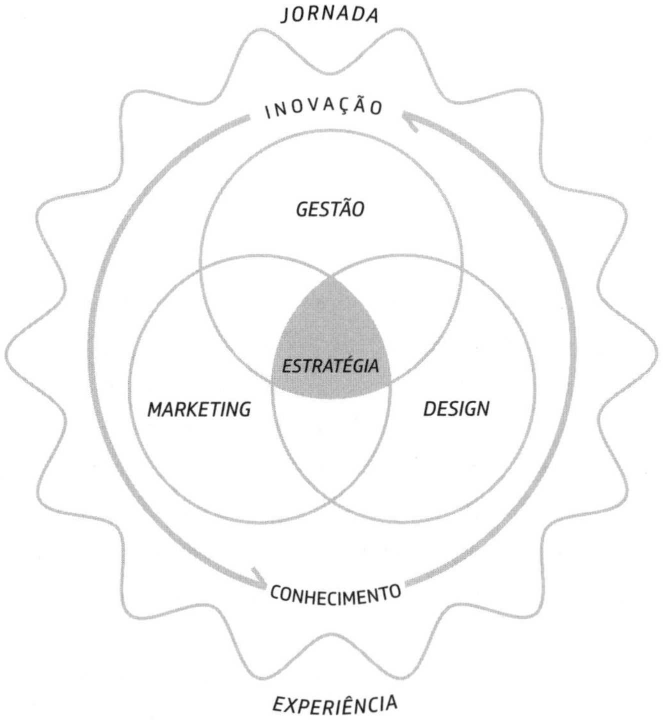

Para conduzir e auxiliar organizações empenhadas em construir um processo de branding potente e eficaz do ponto de vista do negócio e, ao mesmo tempo, distanciar minha solução das comumente apresentadas no mundo empresarial, desenvolvi o conceito ABOVE ALL©, ou, em bom português, ACIMA DE TUDO. Ele permite estruturar o planejamento para o futuro considerando três pilares: o marketing, o design e a gestão empresarial, tendo como interseção central a estratégia. A produção constante de conhecimento alimenta a inovação, com potencial para transformar a jornada do cliente em uma experiência única e prazerosa.

Na minha concepção, os três pilares têm a mesma importância. Se um deles não estiver bem construído, a organização deixará de atingir seu potencial máximo. A metodologia que se desdobra desse conceito também permite diagnosticar onde está o problema. É muito comum que ele seja atribuído de maneira equivocada ao marketing ou ao design, como destaquei. No nosso dia a dia, encontramos frequentemente empresas que buscam em outros pilares soluções que quase sempre dizem respeito à gestão do negócio. Por exemplo, se estão perdendo clientes, reformulam a linha de embalagens ou trocam a agência responsável pela comunicação. Se estão perdendo faturamento, decidem lançar mais produtos, ampliando o portfólio. Se o ponto é rentabilidade, baixam o preço e lançam ofertas. Agem assim por miopia empresarial, ou, pior e mais grave, por um curto-circuito mental. Por desconhecimento e por falta de tempo ou de disposição para mergulhar no coração da empresa, ou mesmo para não ter que admitir erros passados, gestores tomam decisões nefastas, com risco para o negócio.

Imagine um homem de 50 anos, obeso, com colesterol elevado e problemas cardíacos. Imagine ainda que esse mesmo cidadão, em vez de reorganizar sua alimentação e começar a praticar esportes, decide fazer uma lipoaspiração, sem enfrentar a causa real de seus males. É assim que tantas empresas operam no cotidiano, evitando os problemas reais e cuidando das aparências.

Este livro detalha o conceito ABOVE ALL© e a metodologia para aplicá-lo. Ele se destina a grandes e pequenas companhias, a empresários, executivos e gerentes que desejem investir nesse mergulho de autoconhecimento empresarial, do qual uma organização consciente de seus pontos fortes e fracos sai preparada para novos desafios. Também será útil para estudantes e profissionais de diversas áreas que queiram ampliar seus conhecimentos sobre gestão, comunicação, marketing e publicidade. Meu conceito não tem como objetivo produzir rótulos nem convencer qualquer pessoa ou empresa a escolher este ou aquele caminho. Em geral, por meio de intensa produção de conhecimento, ele permite formular perguntas e destilar respostas que quase sempre estão presentes na trajetória da companhia porém soterradas sob crenças e metas incompatíveis com sua vocação e sua estratégia. Com esse arsenal de informações e metodologias adequadas, espero abrir e iluminar o caminho para que a própria empresa faça suas escolhas.

Desejo a você uma ótima leitura.

Autodiagnóstico empresarial

Para que você se beneficie ainda mais dos conceitos e ferramentas práticas que apresentarei, preparei um autodiagnóstico que lhe permitirá entender o estágio atual de maturidade do seu negócio.

O questionário, composto de 31 perguntas de múltipla escolha, será o ponto de partida para uma reflexão profunda sobre os rumos atuais da empresa em que você trabalha.

Não importa se você é proprietário, gestor, executivo ou apenas colaborador, o teste vai ajudá-lo a diagnosticar os dilemas do seu negócio e a buscar soluções eficazes.

As questões abordam aspectos relacionados aos oito pilares do conceito ABOVE ALL©: gestão, marketing, design, estratégia, conhecimento, inovação, jornada e experiência. As perguntas têm pesos diferentes, sempre em sintonia com os preceitos da metodologia. Você só pontuará se escolher a alternativa correta.

Assinale sua resposta de forma intuitiva e sem racionalizar sobre o que é certo ou errado. Lembre-se de que se trata de um autodiagnóstico importante para o futuro da sua empresa, e não de uma competição ou prova sobre conhecimentos.

Quando terminar, verifique o gabarito na página 30 e compute o resultado. A pontuação obtida situará o negócio em quatro níveis de maturidade:

- Foco & Atenção
- Fazer & Acontecer
- Trabalhar & Trabalhar
- Vigilância & Inquietude

Bom teste!

1. "Estamos constantemente pesquisando as melhores práticas empresariais para incorporá-las ao nosso negócio, tanto com base no que acontece no nosso mercado quanto no que ocorre em mercados diferentes."

A Concordo totalmente
B Concordo parcialmente
C Discordo parcialmente
D Discordo totalmente

2. Quais dos aspectos abaixo são exigidos e avaliados de forma estruturada para a contratação de um colaborador na sua empresa – do estagiário ao presidente?

A Perfil técnico (graduação, idiomas, especialização, pós-graduação, etc.)
B Perfil comportamental (dominância, influência, extroversão, reflexão, etc.)
C Competências práticas (trabalho em equipe, negociação, visão sistêmica, senso de urgência, organização, etc.)
D Fit cultural (valores, princípios, história e momento de vida, ambições e planos pessoais, etc.)
E Todas as alternativas

3. "Nossa marca está envelhecida ou desatualizada."

A Concordo totalmente
B Concordo parcialmente
C Discordo parcialmente
D Discordo totalmente

4. "Nossos investimentos e esforços para conquistar novos clientes são muito maiores do que para manter clientes antigos."

A Concordo totalmente
B Concordo parcialmente
C Discordo parcialmente
D Discordo totalmente

5. “A cada nova campanha ou ação de marketing fazemos coisas novas e criativas, mas nem sempre mantemos uma mesma linha de comunicação para nossa marca.”

A Concordo totalmente
B Concordo parcialmente
C Discordo parcialmente
D Discordo totalmente

6. “Sabemos quem são nossos concorrentes diretos, indiretos e substitutos. Analisamos suas informações e acompanhamos seus movimentos periodicamente.”

A Concordo totalmente
B Concordo parcialmente
C Discordo parcialmente
D Discordo totalmente

7. “Adotamos um discurso padronizado e homogêneo para todos os públicos de interesse da nossa marca.”

A Concordo totalmente
B Concordo parcialmente
C Discordo parcialmente
D Discordo totalmente

8. “Nossos planos de ações táticas e operacionais são...”

A Gerenciados, ajustados e refeitos periodicamente por meio de planilhas dinâmicas em Excel e contemplam todos os nossos objetivos, metas e indicadores de performance
B Gerenciados, ajustados e refeitos periodicamente por meio de plataformas de software como serviço (SaaS) focadas em gerenciamento e produtividade e contemplam todos os nossos objetivos, metas e indicadores de performance
C Gerenciados, ajustados e refeitos periodicamente por cada gestor de acordo com sua maneira de gerir projetos e contemplam todos os nossos objetivos, metas e indicadores de performance
D Não são gerenciados, ajustados e refeitos periodicamente de forma estruturada e detalhada contemplando todos os nossos objetivos, metas e indicadores de performance

9. "Nossa marca é sinônimo de confiança e possui reputação positiva inclusive na opinião de nossos concorrentes."

A Concordo totalmente
B Concordo parcialmente
C Discordo parcialmente
D Discordo totalmente

10. Você sabe qual é a identidade da sua marca na percepção de seus clientes/consumidores com base em:

A Depoimentos espontâneos de distribuidores, varejistas e representantes
B Pesquisas e estudos realizados periodicamente junto ao mercado
C Reclamações e elogios de clientes/consumidores em canais de comunicação e colaboradores
D Comentários e menções de clientes/consumidores nas mídias sociais e no site da empresa
E Nenhuma das alternativas

11. "Nossa visão e missão (e/ou propósito)..."

A Ainda não foram definidas e/ou divulgadas para todos os colaboradores de maneira estruturada e formal
B Foram definidas, divulgadas e norteiam a estratégia e as ações da empresa – mas não todas
C Foram definidas, divulgadas e norteiam a estratégia e as ações da empresa, mas sinto que ainda não permeiam e inspiram todos os níveis hierárquicos
D Foram definidas e divulgadas, norteiam a estratégia e todas as ações da empresa e fazem parte da nossa cultura organizacional, permeando todos os níveis hierárquicos

12. "Temos um orçamento específico que controla tanto o planejamento quanto o investimento e o retorno sobre cada ação de marketing e vendas."

A Concordo totalmente
B Concordo parcialmente
C Discordo parcialmente
D Discordo totalmente

13. "Nossos materiais institucionais, embalagens, site, mídias sociais, etc. apresentam a mesma coerência e o mesmo alinhamento visual, assim como ocorre com outras marcas globais."

A Concordo totalmente
B Concordo parcialmente
C Discordo parcialmente
D Discordo totalmente

14. "Os objetivos da nossa empresa são desafiadores, factíveis e mensuráveis, pois..."

A Foram estabelecidos com base no nosso histórico dos últimos anos
B Foram estabelecidos com base naquilo que planejamos para o futuro
C Nosso setor é um dos mais tradicionais e estáveis do mercado
D As projeções de entidades e especialistas do nosso setor são muito confiáveis

15. Assinale a opção mais aderente à realidade da sua empresa em termos de estratégia de negócios:

A Construímos nossa estratégia em uma planilha detalhada com todos os indicadores, metas e objetivos que devemos alcançar nos próximos anos
B Apesar de a nossa estratégia não estar formalizada, sabemos o que é possível fazer e tomamos as decisões ano a ano de acordo com o mercado e suas constantes mudanças
C Definimos periodicamente e apresentamos a todos os colaboradores nossa estratégia para que todos saibam onde a empresa deseja estar no futuro, o que fará para chegar lá e como fará
D Conhecemos profundamente o nosso mercado e como atuar nele, por isso não é necessário reformular nossa estratégia periodicamente

16. "Não sabemos exatamente o perfil de quem são nossos clientes e de quem NÃO queremos ter como clientes."

A Concordo totalmente
B Concordo parcialmente
C Discordo parcialmente
D Discordo totalmente

17. "Nossas ações de comunicação e relacionamento..."

A São planejadas e executadas com base nos pontos de contato gerenciáveis e não gerenciáveis da nossa marca

B São planejadas e executadas com base nos insights que temos internamente nas reuniões de marketing e em eventos

C Não são planejadas com antecedência, mas estabelecidas de acordo com as oportunidades que surgem no nosso mercado

D Não são planejadas com antecedência, mas estabelecidas de acordo com recomendações das nossas agências de marketing e eventos

18. "Possuímos um calendário de ações de comunicação e relacionamento para todo o ano, contemplando diferentes temas – tanto de mercado (Dia dos Pais, Natal, Férias, Dia dos Namorados, etc.) quanto de proprietários da nossa marca."

A Concordo totalmente

B Concordo parcialmente

C Discordo parcialmente

D Discordo totalmente

19. "Nossos executivos e colaboradores recebem..."

A Remuneração fixa não variável

B Remuneração fixa e variável conforme performance individual

C Remuneração fixa, variável e/ou bônus conforme performance individual

D Remuneração fixa, variável e/ou bônus conforme performance coletiva

E Remuneração fixa, variável e/ou bônus conforme performance coletiva e individual

20. "Nosso modelo de gestão atual é..."

A Totalmente profissionalizado, com executivos ou membros da família controladora ocupando posições com base exclusivamente nos critérios exigidos pelo mercado

B Semiprofissionalizado, com executivos ou membros da família dividindo posições em todos os níveis hierárquicos sem que necessariamente todos atendam aos critérios exigidos pelo mercado

C Totalmente familiar, com membros da família ocupando todas as principais posições de liderança conforme decisão dos sócios proprietários, independentemente dos critérios exigidos pelo mercado

D Parcialmente familiar, com membros da família controladora ocupando algumas posições de liderança juntamente com executivos de mercado, independentemente dos critérios exigidos pelo mercado

21. "O apreçamento de nossos produtos/serviços é definido..."

A Porque temos um posicionamento mercadológico claro e isso direciona o apreçamento que praticamos em nosso mercado, independentemente de outras variáveis

B Conforme as oscilações da oferta e da demanda do mercado em que atuamos

C Conforme as alterações de preços praticadas por nossos principais concorrentes

D Conforme os nossos custos e as margens de lucro definidos no orçamento anual

22. "Os valores e princípios da nossa empresa..."

A Ainda não foram definidos e/ou divulgados para todos os colaboradores de maneira estruturada e formal

B Foram definidos, divulgados e norteiam algumas práticas e ações da empresa – mas não todas

C Norteiam as práticas e ações da empresa no dia a dia, mas sinto que ainda não permeiam todos os níveis hierárquicos como parte de uma cultura organizacional reconhecida pelo mercado

D Fazem parte de nossa cultura organizacional e norteiam todas as práticas e ações da empresa no dia a dia, permeando todos os níveis hierárquicos e sendo reconhecidos pelo mercado como um de nossos pontos fortes

23. Escolha a alternativa mais aderente à realidade da sua empresa:

A Toda a jornada de decisão de compra de nossos clientes é mapeada por meio de pesquisas e análises mercadológicas

B Não é possível mapear a jornada de decisão de compra de nossos clientes por meio de pesquisas e análises mercadológicas

C Não sabemos como mapear a jornada de decisão de compra de nossos clientes

D A jornada de decisão de compra de nossos clientes é caótica e por isso não vale a pena investir nesse tipo de pesquisa e análise mercadológicas

24. Por que os clientes/consumidores compram seus produtos/serviços em vez de comprá-los de seus concorrentes?

A Porque somos uma das empresas mais tradicionais do mercado
B Porque somos a maior empresa do mercado
C Porque nossa equipe de marketing e vendas tem alta performance
D Porque temos diferenciais competitivos únicos

25. Quais dos processos abaixo estão estruturados e implementados na sua empresa?

A Atração e seleção
B Contratação e integração
C Treinamento e desenvolvimento
D Potencialização e demissão
E Todas as alternativas

26. "As novas tecnologias..."

A Não vão impactar o nosso negócio pelo menos nos próximos 20 anos, por isso ainda não estamos preocupados com inovações
B Certamente impactarão o nosso negócio nos próximos 20 anos, por isso pretendemos investir em inovações
C Já estão impactando nosso negócio, positivamente, porque estamos à frente das inovações
D Já estão impactando nosso negócio, negativamente, porque estamos atrasados em relação às inovações

27. "Em uma escala de 1 a 10, nossos clientes certamente nos dariam nota 9 ou 10 em relação à experiência de marca vivenciada por meio de nossos produtos e serviços."

A Concordo totalmente
B Concordo parcialmente
C Discordo parcialmente
D Discordo totalmente

28. "Entre estratégia e execução, entendemos que..."

A Vale mais uma execução consistente do que uma estratégia brilhante
B Vale mais uma estratégia brilhante do que uma execução consistente

C Não sei determinar o que é mais importante: estratégia ou execução

D A estratégia e a execução são igualmente vitais

29. Como sua empresa age (e reage) em relação a novas ideias, tendências e novos comportamentos de mercado?

A Estamos sempre abertos às novidades de mercado, investimos e incentivamos projetos que desafiam o status quo do nosso negócio

B Estamos sempre abertos às novidades de mercado, mas não investimos em projetos que desafiam o status quo do nosso negócio

C Não costumamos acompanhar as novidades do mercado, pois nossa empresa é muito tradicional e conservadora

D As novidades do mercado têm pouco ou nenhum impacto que possa se traduzir em inovações para nosso negócio

30. "Investimos em ações de comunicação e relacionamento que..."

A Estejam direcionadas por nossos pilares de marca e atreladas aos objetivos globais da empresa

B Surjam como uma oportunidade em termos de valores de investimento abaixo daquilo que orçamos ou julgamos atrativo

C São apresentadas e recomendadas por nossas agências de publicidade e eventos

D São apresentadas e recomendadas por nossas equipes de marketing e vendas

31. "Nosso negócio funciona porque..."

A Conhecemos o mercado em que atuamos, a demanda e a necessidade de nossos clientes/consumidores

B Sabemos qual é a percepção de valor e como capturar esse valor envolvendo todos os públicos de interesse da cadeia

C Não há concorrentes capazes de entregar o mesmo que nós em termos de produtos/serviços

D Estamos baseados em um mercado regulado e concentrado em poucas empresas que atuam nele

Gabarito

Questão	Resposta correta	Pontos
1	A	1
2	E	2
3	D	2
4	D	1
5	D	2
6	A	1
7	D	2
8	B	1
9	A	2
10	B	3
11	D	2
12	A	2
13	A	2
14	B	3
15	C	3
16	D	1
17	A	1
18	A	1
19	E	2
20	A	2
21	A	3
22	D	2
23	A	1
24	D	3
25	E	2
26	C	1
27	A	1
28	D	1
29	A	1
30	A	2
31	B	3

Resultado:

Some o número de pontos que obteve e confira em qual nível sua empresa está.

De 0 a 14: Foco & Atenção

"Os maiores problemas são um conjunto de pequenos erros somados."

Seus problemas estão potencializados por questões que transcendem a gestão empresarial. É preciso agir rápido, antes que seja tarde demais para reverter o cenário. Mergulhe imediatamente na leitura deste livro e tente implementar os fundamentos que aprender aqui o mais rápido possível.

De 15 a 28: Fazer & Acontecer

"O trabalho vem antes do reconhecimento – sempre."

Sua empresa adota algumas boas práticas, mas ainda tem uma longa jornada pela frente para alcançar a excelência em todos os pilares abordados pelo conceito ABOVE ALL©. Este livro oferece metodologias para otimizar esse percurso. Mãos à obra!

De 29 a 42: Trabalhar & Trabalhar

"Não conte com a sorte. Continue trabalhando duro."

Seu maior desafio é não se acomodar na zona de conforto das empresas medianas e buscar ferramentas para se juntar ao grupo de alta performance. Incorporando algumas novas práticas que aprenderá neste livro, você logo poderá ajudar sua empresa a chegar ao topo.

De 43 a 56: Vigilância & Inquietude

"Acredite no impossível e seus sonhos se tornarão realidade."

Sua empresa segue, talvez de forma intuitiva, os fundamentos do ABOVE ALL©. Mas sempre há algo novo a aprender e novos desafios pela frente. Não caia na armadilha de repousar sobre as conquistas realizadas, pois isso pode significar suicídio empresarial. Para garantir a sustentabilidade e a perpetuidade do negócio, aprofunde-se nos cases e práticas deste livro.

PARTE I

Estratégia: como criar um modelo empresarial único

1

Estratégia não é quanto sua empresa fatura ou lucra

Qual é a estratégia da sua empresa?

A resposta a essa questão elementar, fundadora, que em tese qualquer executivo ou empresário seria capaz de oferecer de pronto, costuma ser o primeiro sinal de que uma organização está perdida ou, no mínimo, mal direcionada. Formulei-a em incontáveis ocasiões e as respostas, infelizmente, sempre se pareciam. Certa vez, durante uma reunião com uma grande multinacional do setor automotivo, com uma história de décadas no Brasil e, à época, milhares de colaboradores, fiz a pergunta a dois diretores. Eis o que eles me disseram:

– Pretendemos dobrar de tamanho nos próximos cinco anos.

Assertivos, resolutos e confiantes.

Da mesma forma que há um grande emaranhamento entre os conceitos de branding e marca, é comum confundir estratégia com cenário econômico-financeiro. Esse último consiste em desenhar um modelo financeiro preditivo para o futuro próximo da empresa. Quantos colaboradores ela pretende contratar nos próximos meses? Quantas lojas vai abrir no ano que vem? Quanto espera faturar em determinado período? Quantas unidades de negócios serão criadas? Em quantas categorias passará a atuar? Qual o número de itens lançados ou tirados de linha? De posse desses números, o executivo responsável vai à direção, à presidência ou ao conselho da empresa e anuncia: "Vamos crescer 10% ao ano nos próximos três anos." Pronto: "estratégia" definida.

A direção, muitas vezes, simplesmente aprova a "estratégia", e assim caminham todos para o precipício, como afirmou Michael Porter, pois o desconhecimento do que é realmente estratégico fará com que empresas desnorteadas mais cedo ou mais tarde encontrem o fracasso. Esses gestores acham que estão fazendo o melhor. Não estão, infelizmente.

Estratégia não é quanto uma empresa vai vender, faturar ou lucrar. Isso é sempre consequência inevitável da estratégia, seja ela planejada ou não.

Estratégia é a definição de como uma empresa vai operar, hoje e no futuro. É a forma como ela vai capturar valor, como se posicionará mercadologicamente diante dos concorrentes e como será percebida enquanto marca e organização.

ESTRATÉGIA DOS TRÊS PILARES

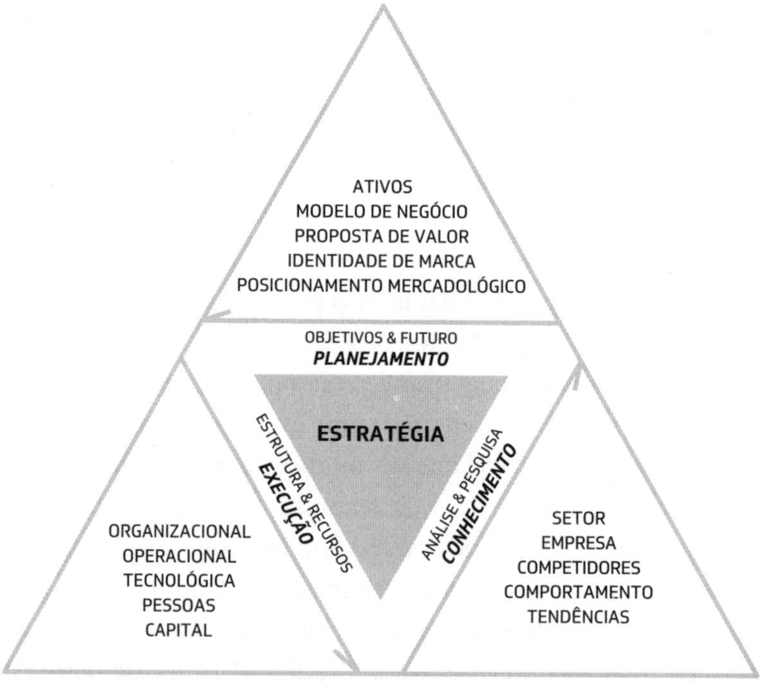

A ESTRATÉGIA DOS TRÊS PILARES é uma metodologia eficaz para a construção da estratégia de qualquer organização, independentemente de segmento, porte, origem ou tempo de existência. Ela envolve:

- **Planejamento**, ou seja, a definição de objetivos e intenções estratégicas da organização;

- **Conhecimento** por meio de análise e pesquisa, ou seja, levantamento de dados e informações importantes para o negócio, especialmente para a fase de planejamento, mas também para o diagnóstico empresarial;
- **Execução**, que exige o mapeamento e entendimento dos recursos organizacionais, operacionais, humanos, tecnológicos e de capital atuais e dos que serão necessários para que se cumpra o planejamento.

Recomendo iniciar o processo pelos aspectos mais gerais de cada pilar e esmiuçar ponto a ponto até chegar aos específicos. No caso da produção de análises e pesquisas, por exemplo, para se ter um cenário mais vívido, avalia-se toda e qualquer variável que possa impactar direta ou indiretamente o julgamento sobre o futuro do negócio – o setor de atuação, a empresa e seus competidores, as tendências e assim por diante.

A posição atual ou passada do negócio nunca deve ser considerada de maneira estanque no desenvolvimento de uma estratégia, sob o risco de que a iniciativa morra ainda no berço. Sempre haverá limitações e gargalos que dificultam ou até mesmo inviabilizam novas iniciativas, sobretudo quando se pensa no que há de recursos hoje e no que será necessário no futuro.

Vamos imaginar, por exemplo, uma rede de escolas que trabalha apenas com unidades físicas e deseja criar um curso a distância. No presente, essa rede não tem plataforma tecnológica nem conteúdo sistematizado para ensino virtual, nunca trabalhou nesse mercado e, portanto, não possui um histórico de sucesso ou fracasso. Diante dessa muralha de limitadores e pontos negativos, muitas empresas acabam desistindo, acomodando-se e abrindo mão de grandes oportunidades. Apegam-se às dificuldades para justificar sua incapacidade de pensar de modo estratégico elencando um problema para cada solução em vez de perseguir uma solução para cada problema. Para não cair nessa cilada, o ideal é primeiro definir um futuro almejado para então olhar ao redor e buscar o que falta. Só assim será possível esculpir passo a passo esse futuro, tornando-o realidade.

Vale lembrar que não se faz nada sozinho nos dias de hoje. Sempre haverá outras pessoas, marcas e organizações que podem estar em harmonia com o direcionamento estratégico de determinada empresa e talvez tenham os ativos complementares de que ela precisa. Em geral, as maiores barreiras para o sucesso de um negócio são mentais.

Os três pilares não devem ser abordados de maneira isolada, mas sequenciada e ciclicamente. Quando uma organização consegue integrá-los, os resultados não tardam a aparecer, como presenciamos dezenas de vezes ao aplicar a metodologia a empresas que nos procuravam, quase sempre sob a pressão de cenários críticos e circunstâncias que desafiavam a continuidade do negócio. Nesses momentos, o planejamento estratégico bem estruturado pode significar a diferença entre sobrevivência e morte.

Se é verdade que a construção de uma estratégia empresarial envolve planejamento, análise e pesquisa e execução, essas três frentes precisam se alimentar mutuamente, de modo orgânico, natural. Quando uma delas não caminha como esperado, o processo apresenta falhas que devem ser corrigidas para retornar ao ponto desejado. É perfeitamente possível que uma empresa reúna, primeiro, todas as informações sobre mercado, concorrência e cenário para só então iniciar seu planejamento. Outras podem planejar determinadas estratégias de expansão e então ratificá-las (ou modificá-las) por meio de um estudo sensível do setor ou das tendências. Ao fazer um levantamento de informações, um gestor pode ter um insight e voltar ao planejamento, adequando-o ao novo conhecimento produzido. E assim por diante.

É desse dinamismo que vem a força da ESTRATÉGIA DOS TRÊS PILARES, uma metodologia contemporânea que se retroalimenta de passado, presente e futuro, moldando-se ao contexto.

A seguir, tratarei individualmente de cada aspecto para que se possa extrair o máximo proveito ao aplicá-lo.

Planejamento

Nem todos os empreendedores dão o pontapé inicial de seu negócio depois de fazer um planejamento rigoroso e abrangente, construir cenários e extrapolar cada possibilidade. Ao contrário: em linhas gerais, o plano B é fazer o plano A funcionar de qualquer forma, o que, na esmagadora maioria dos casos, significa começar com uma ideia vaga de modelo de negócio, um cálculo aproximado de custos e uma estimativa de receita e lucro em um determinado espaço de tempo. Os empreendedores dão a largada e vão em frente, fazendo ajustes à medida que encontram obstáculos. E eles aparecem, o que desvia o ideal do real em 100% das iniciativas. Embora haja casos de sucesso, os fracassos são muito mais numerosos.

Não deveria haver dúvida de que um planejamento benfeito é meio caminho andado para o sucesso de uma organização. Para isso, é preciso considerar os seguintes conceitos:

Modelo de negócio: é um sistema de relações e unidades empresariais por meio das quais a organização entregará algum valor a cada um de seus públicos de interesse e cobrará, financeiramente ou não, por isso. Leva em consideração seus ativos, as necessidades de cada elo da cadeia e como vai capturar valor. Um exemplo maravilhoso de modelo de negócio, que não envelheceu um segundo sequer em seis décadas, é o da Disney, desenhado em 1957. Nele é possível observar as diferentes formas de experimentação, consumo e monetização dos produtos da marca: royalties, venda de ingressos, licenciamento de personagens, assinaturas e publicações.

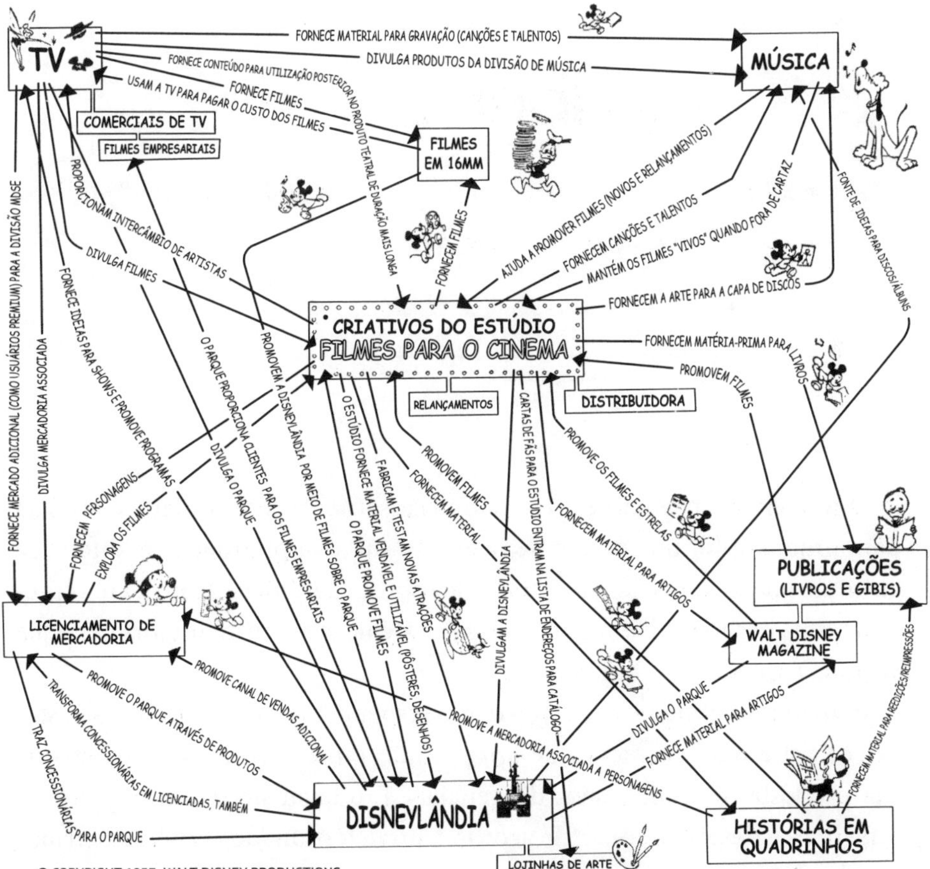

© COPYRIGHT 1957. WALT DISNEY PRODUCTIONS
ADAPTAÇÃO DO GRÁFICO: FERNANDO ALVARUS

Outro modelo de negócio interessante, este atual, é o da Uber. Consiste em organizar uma rede de motoristas autônomos que se conectam a uma central por meio de uma plataforma digital que lhes provê uma base de clientes e, em troca, retém determinado percentual de cada corrida. Com o tempo, a plataforma evoluiu para incluir entrega de refeições e no momento se organiza para trabalhar com transporte de carga e até mesmo serviços de saúde. Esse modelo é replicável e pode ser internacionalizado.

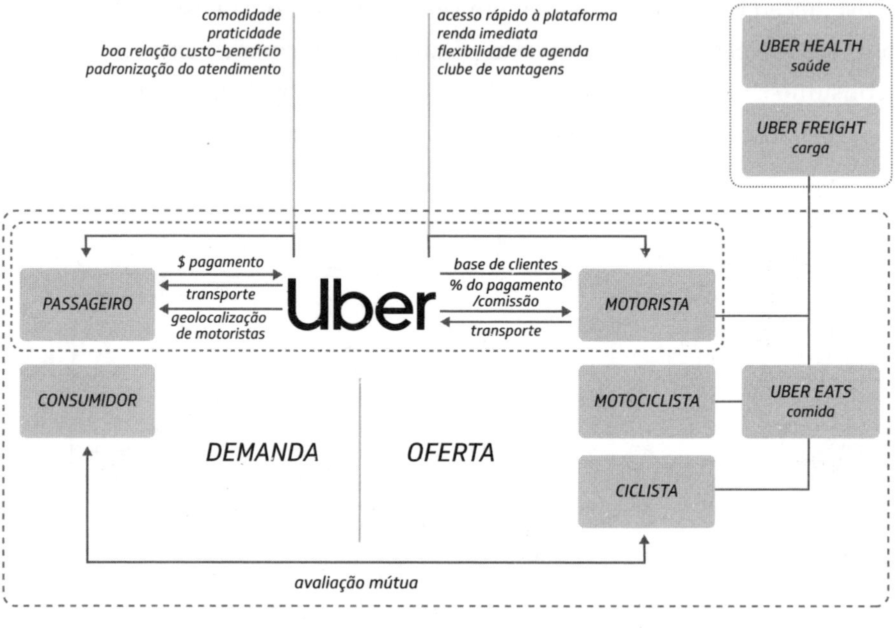

O modelo de negócio é vital. São necessárias engenhosidade e argúcia para arquitetá-lo, independentemente de sua complexidade. A diferença entre ter ou não consciência e controle sobre seu modelo de negócio representa uma das mais distintivas linhas estratégicas e a primeira fortaleza que se pode ter empresarialmente.

Posicionamento mercadológico: diz respeito à combinação que se estabelece entre o apreçamento de um produto ou serviço e os elementos da sua proposta de valor e seus diferenciais. É o lugar onde um negócio ou uma marca deseja se situar de acordo com determinados critérios, atributos, funcionalidades e soluções em comparação com a concorrência.

Um bom exemplo vem do mercado automotivo, em que as marcas se posicionam em determinada faixa de preço competindo predominantemente por meio de atributos e diferenciais de cada linha de produtos. Graças a isso, sempre há uma oferta para cada desejo, necessidade, estilo de vida e orçamento. Essas marcas evitam se movimentar de maneira aleatória para não sofrerem as consequências de uma competição descabida e irracional, como mostra o quadro a seguir.

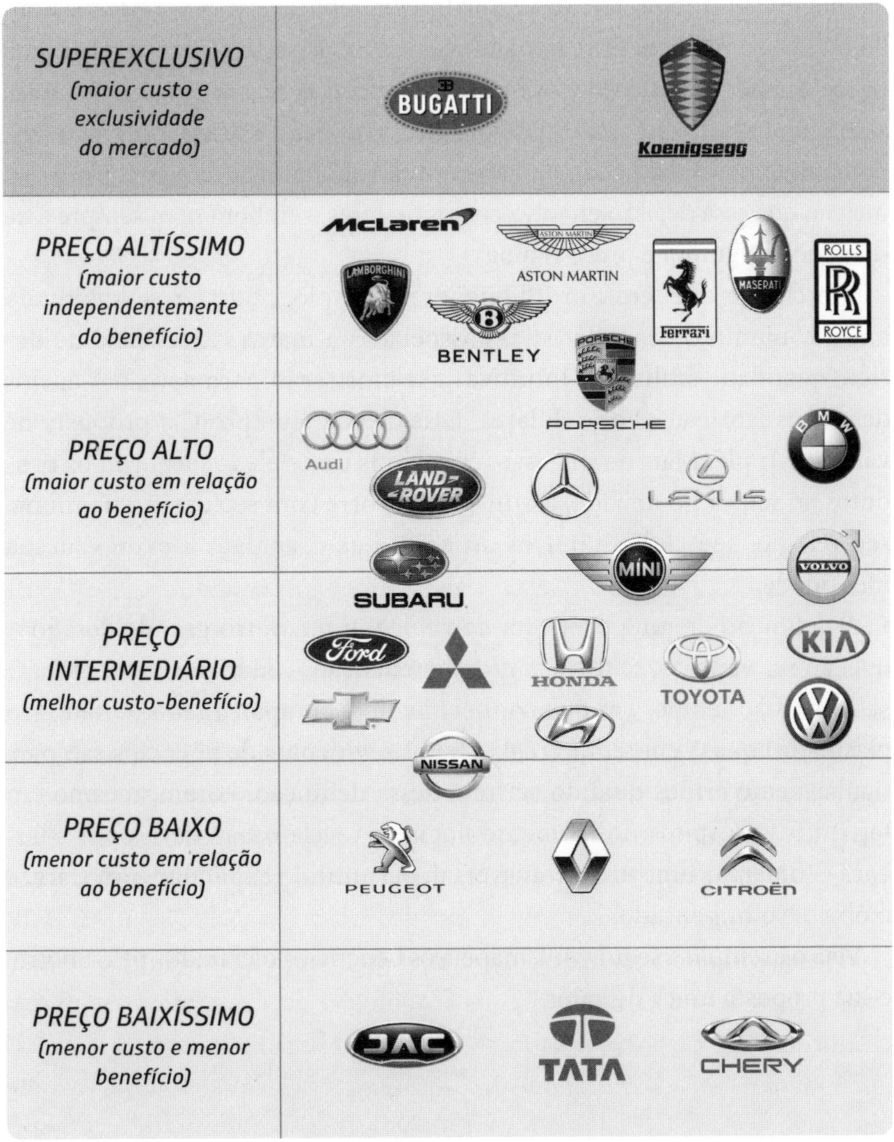
SUPEREXCLUSIVO (maior custo e exclusividade do mercado)
BUGATTI
Koenigsegg
PREÇO ALTÍSSIMO (maior custo independentemente do benefício)
McLaren
ASTON MARTIN
BENTLEY
Ferrari
MASERATI
ROLLS ROYCE
PORSCHE
PREÇO ALTO (maior custo em relação ao benefício)
Audi
LAND ROVER
LEXUS
BMW
PREÇO INTERMEDIÁRIO (melhor custo-benefício)
SUBARU
MINI
VOLVO
Ford
HONDA
TOYOTA
KIA
NISSAN
PREÇO BAIXO (menor custo em relação ao benefício)
PEUGEOT
CITROËN
PREÇO BAIXÍSSIMO (menor custo e menor benefício)
JAC
TATA
CHERY

O posicionamento mercadológico deve ser entendido como dinâmico, e não estático; multifatorial, e não pontual. A cada fator analisado obtém-se um cenário, e a manutenção de uma posição promove uma clara percepção junto ao mercado. Não há que se mudar de posicionamento com frequência. Pelo contrário, aqui vale muito a consistência.

Proposta de valor: é uma vantagem competitiva, um único fator de grande diferenciação, não copiável ou protegido por lei, ou um conjunto de diferenciais (de preferência, dificilmente replicáveis) que a organização oferece a seu público. Este, por sua vez, reconhece esse valor e o julga vantajoso quando comparado ao que a concorrência tem a oferecer. Simples assim, mas muito difícil de ser colocado em prática e à prova. Porém, quando há uma percepção clara de valor, todos estão dispostos a pagar por ele, mesmo que essa decisão envolva custos maiores – embora nem sempre esse diferencial signifique preço maior.

Um cliente que tem um iPhone, por exemplo, pode ter se habituado a um conjunto de características associadas à marca (excelência de design, qualidade, utilização intuitiva) e se mostrar impermeável aos apelos de outros fabricantes de celulares. Esse cliente "comprou" a proposta de valor da Apple. Mais do que isso, em alguns casos ele incorporou os produtos ao seu estilo de vida, assim como ocorre com seu carro, sua roupa, seu relógio, seu clube e outros aspectos que o ajudam a expressar sua identidade.

A definição de uma proposta de valor *única* é outro grande desafio – que, ao ser vencido, se torna a grande redenção – da maioria das empresas do nosso tempo, em que conhecimento é compartilhado (e não raro plasmado) quase em tempo real. Alguns segmentos de negócios são particularmente áridos quando se trata dessa definição. Porém, mesmo em territórios inóspitos nossa metodologia se revela capaz de propor soluções e fomentar uma visão transversal, permitindo explicitar com clareza o óbvio e o impensado.

Veja o exemplo a seguir, que mapeia os benefícios oferecidos pelo Spotify e sua proposta única de valor.

CURADORIA
Desde a hora em que o cliente acorda até o momento de se deitar, o Spotify investe de maneira recorrente em seus algoritmos para entender o que o usuário gostaria de ouvir, minuto a minuto.

EFICIÊNCIA
O serviço apresentado pelo Spotify é otimizado para música, consumindo menos banda do que concorrentes como o YouTube.

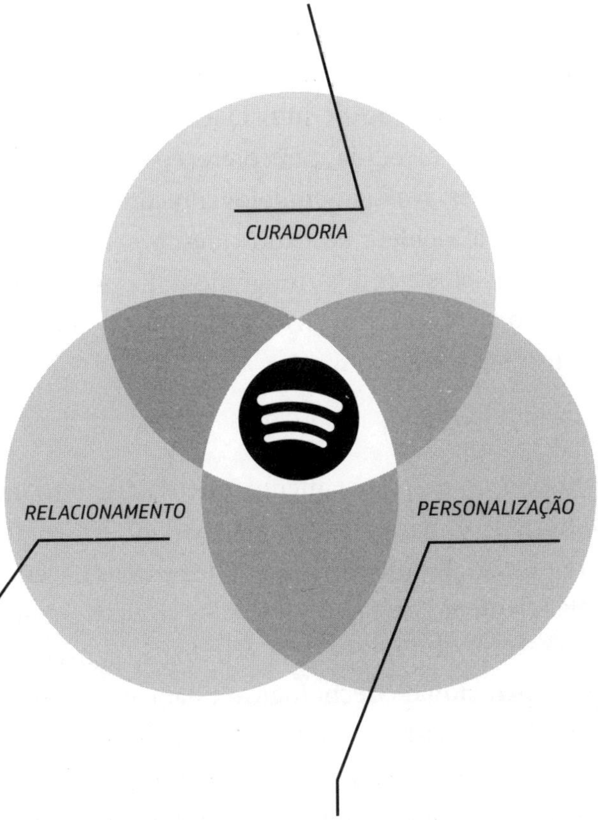

INTERAÇÃO
O Spotify possibilita compartilhamento das descobertas e preferências musicais entre amigos por meio do acesso a suas playlists favoritas. Também oferece a opção "seguir".

CELEBRIDADES
Assim como é possível fazer em relação aos amigos, o usuário consegue visitar as páginas das celebridades pelo aplicativo, aproximando-se de seus ídolos por meio da música.

BIG DATA
O Spotify rastreia também músicas atreladas a playlists ocasionais, como churrascos com a família, hora de estudos, relaxamento, entre outros. Assim fica fácil encontrar rapidamente a playlist para cada lugar e ocasião.

UP TO DATE
O serviço está sempre se atualizando por meio da análise dos dados de todos os usuários, bem como acerca dos novos lançamentos de músicas.

Juntos, esses três pontos - modelo de negócio, posicionamento mercadológico e proposta de valor - modelam e influenciam a **identidade de marca**, a forma como ela quer ser percebida pelo cliente.

Conhecimento (análise e pesquisa)

Essa fase envolve o máximo possível de produção de conhecimento sobre o negócio. Ela se inicia pelo setor em que a empresa se insere, capta informações sobre a companhia, a concorrência e os clientes. Por fim, busca tendências. A produção de informação é vital para a construção de uma estratégia bem-sucedida, pois oferece subsídios para que se tomem melhores decisões. Nossa metodologia recomenda um leque amplo de instrumentos para a coleta de dados, desde pesquisas qualitativas e quantitativas a complexos estudos etnográficos. Esses instrumentos serão definidos na segunda parte deste livro. O conhecimento também é vital para semear o terreno para a inovação.

Execução

Uma vez que as etapas de planejamento e de análise e pesquisa estejam cumpridas, é hora de tomar providências para implementar a estratégia escolhida. Será preciso: levantar o número de pessoas necessárias para levar a cabo o planejamento, seu perfil técnico e comportamental e as competências necessárias para gerenciar a estratégia; pensar nas estruturas organizacional, operacional e tecnológica; estabelecer como elas atuarão de modo integrado; e calcular o capital necessário para colocar a nova estrutura em pé. Essas definições serão importantes para fundamentar uma modelagem financeira, bem como para levantar capital para suportar a nova estratégia, contratar equipes com os perfis preestabelecidos e adotar as demais condutas.

HDI BRASIL: NOVA JORNADA PARA UMA EMPRESA CENTENÁRIA

Em 2017, minha consultoria foi contratada por uma empresa grande, confiável e tradicional que se encontrava em um momento decisivo. O negócio estava sob bombardeio por diversos motivos, de transformações tecnológicas a mudanças de comportamento.

Fundada em 1903 em Frankfurt, na Alemanha, a seguradora HDI instalou-se no Brasil no início dos anos 1980, e duas décadas depois havia se posicionado entre as maiores do país. Começou a operar no Sul, região de colonização fortemente alemã, e aos poucos foi ganhando novas praças, sem, no entanto, modificar o ponto nevrálgico de seu negócio: a oferta de seguros automotivos, responsável por praticamente 95% de seus resultados até meados de 2018. No início dos anos 2000, chegou a festejar um faturamento anual de alguns bilhões de reais e 9% de participação no mercado de seguros de automóveis. No entanto, em meados dos anos 2010 os ventos começaram a mudar.

A empresa havia crescido exponencialmente na década anterior, impulsionada pelas elevadas vendas de automóveis e pelo consequente aumento na aquisição de seguros, porém a forte recessão econômica brasileira a partir de 2014 afetou-a de maneira profunda. Como se não bastasse, a chegada de novos concorrentes, com serviços totalmente on-line e uso intensivo de tecnologia, era uma ameaça à personalidade conservadora da seguradora por chamar a atenção do público jovem, nascido na era digital.

A tempestade perfeita se instalou com as mudanças de comportamento do consumidor, cada vez menos atraído pela ideia de ter um carro. Um estudo de 2016 da consultoria Deloitte revelou que, entre os brasileiros que se deslocavam pelas cidades com auxílio de aplicativos de mobilidade, 55% questionavam a necessidade de ter carro próprio. Sem falar que o promissor desenvolvimento de veículos autônomos, capazes de rodar, frear e estacionar sem acionamento humano, sinaliza uma futura redução no número de acidentes e da necessidade de se precaver deles.

Se isoladamente cada um desses fatores apontava problemas, os quatro juntos tinham potencial para abalar a sobrevivência da companhia. Nesse contexto, antes que o problema tomasse dimensões incontornáveis, fui contratado para fazer o planejamento estratégico e entregar o plano de negócios da empresa.

O passo seguinte foi avaliar os ativos que haviam levado a companhia a uma posição privilegiada de mercado e identificar maneiras de diversificar seu portfólio. As medidas, ainda em fase de implantação, foram abraçadas pela direção da empresa – a primeira, aliás, a ligar o botão de alerta diante das mudanças de mercado e de comportamento e a buscar uma nova estratégia que desse conta de tantos desafios para o futuro próximo.

Para buscar novas opções, a HDI comparou seu mercado principal com outros adjacentes, incipientes ou mesmo inexistentes. Como dados são um ativo relevante da seguradora, a metodologia permitiu imaginar um cenário em que essas informações seriam utilizadas para inteligência artificial, abrindo um novo campo de possibilidades. Quem explica melhor é Paulo Moraes, diretor de marketing da HDI: "Estudamos as ferramentas trazidas pela consultoria e detectamos mercados onde já poderíamos atuar ou planejar a nossa atuação. Temos aqui uma turma de estatísticos que vive às voltas com modelos matemáticos. São equipes muito preparadas para começar a trabalhar com inteligência artificial, e-learning e diversas outras áreas que estão começando a entrar no nosso radar. Graças a esse impulso, deixamos de nos fixar no carro e começamos a pensar no que podemos ser a partir do que somos e temos hoje."

A construção de uma proposta de valor única era bastante relevante para a HDI, de modo a se distanciar da concorrência. Vale aqui abrir a lente e olhar de perto o mercado de seguros. Um seguro é, ou costumava ser, um mero pedaço de papel (hoje, muitas vezes, um arquivo eletrônico) que representa uma promessa de cobertura diante de um determinado risco de sinistro – que pode envolver uma vida, um imóvel, um contrato de aluguel, um automóvel ou qualquer outro bem ou direito que possa ser segurado. O que torna essa promessa crível é a marca por trás dela, e esse é um segmento de empresas grandes e prestigiosas, algumas com décadas de atuação no mercado, outras centenárias: Bradesco, Itaú, SulAmérica, Porto Seguro, Chubb, AIG.

Até meados dos anos 1990, houve pouca diferenciação entre as companhias, o que as tornava reféns de oscilações nos preços das concorrentes ou dos próprios canais de venda (bancos versus corretores, por exemplo). Era comum que um pequeno desconto oferecido por um competidor jogasse no lixo meses de esforços para conquistar um cliente e até anos de relacionamento.

Por volta de 1995, essa realidade começou a mudar.

A virada ocorreu quando uma dessas companhias, a Porto Seguro, dando-se conta da fragilidade do relacionamento com o cliente, lançou uma série de serviços para estreitar os contatos com seus segurados. Em vez de comunicar-se com eles apenas uma vez ao ano – na época da renovação – ou (pior ainda) em caso de sinistro, a Porto Seguro, de modo revolucionário no segmento, passou a oferecer gratuitamente a instalação de alarmes antifurto, brakelights no vidro traseiro e troca de pastilhas de freio, entre outros benefícios. Mais: ampliou seus serviços para atender seus segurados em pequenas emergências domésticas – sem custo adicional. Chegou à sofisticação de providenciar um pequeno lanche entregue ao cliente que pedia um guincho, no melhor espírito *comfort food*.

Foi assim, da noite para o dia em 20 anos, que a Porto sagrou-se líder do mercado, concentrando em seu portfólio cerca de um terço de todos os seguros vendidos no Brasil e distanciando-se do preço baixo como atributo para a compra do seguro. As demais seguradoras embaralhavam-se em posições menos relevantes, trocando de posto ao sabor de ofertas, descontos e campanhas de marketing envolvendo celebridades e piadinhas. Quando tentavam imitar a líder, apenas contribuíam para reforçar sua liderança. E patinavam no mesmo lugar, já que reforçar condições comerciais *da concorrência* é algo insustentável em um mercado definido por margens baixas e pela incerteza das variáveis atuariais.

Nesse ambiente polarizado, como a HDI poderia se destacar? Com sua comunicação baseada em preço e atendimento rápido e eficiente em caso de sinistro, batizado de Bate-Pronto, a seguradora tinha conquistado um lugar ao sol, mas não conseguira se diferenciar na commoditização do segmento, em que prevalecia o menor preço ou o preço médio de mercado, quase como se as empresas não tivessem controle sobre seu apreçamento. A HDI também precisava de ferramentas para analisar os dados que já possuía sobre sua clientela (*ver capítulo* 5).

Fui buscar nas raízes da empresa, criada a partir do mutualismo, as chaves para a diferenciação no presente e, estrategicamente, no futuro. Nascida da junção de várias pequenas companhias alemãs que se cotizaram para oferecer proteção umas às outras contra grandes riscos, a HDI decidiu reescrever sua proposta de valor de modo a segurar toda a jornada do cliente, deslocando seu foco para a dinâmica da vida do segurado e acompanhando-o também nos momentos de lazer e diversão. Isso se daria por meio de benefícios, descontos e parcerias em quatro pilares definidos com seu corpo de diretores: lazer e entretenimento, viagem, empreendedorismo e família. Dessa maneira, propôs-se a estabelecer com o cliente um vínculo muito mais profundo do que quando a torneira de sua casa quebra ou seu carro colide com outro, com reflexos em seu posicionamento mercadológico, como se vê na figura a seguir.

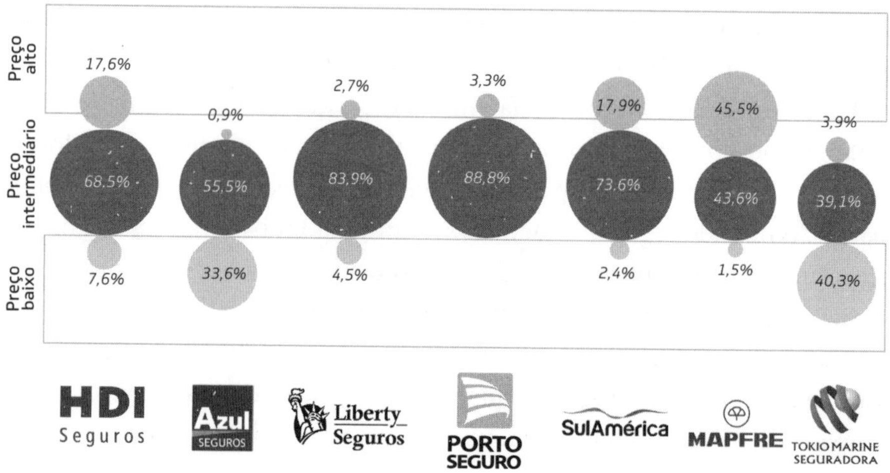

Ao se fazer presente em momentos ligados a experiências positivas, a HDI cria um escudo emocional contra a migração para empresas que venham a oferecer seguros mais baratos. Aplica-se aqui, como uma luva, a expressão *leapfrog* (pulo do sapo, em português): a HDI pretende saltar por cima da concorrência e distinguir completamente sua proposta da de todos os competidores em sua categoria.

Isso é estratégia e proposta de valor única.

CAPACIDADE ANALÍTICA
O principal diferencial da HDI é sua inteligência e sua capacidade analítica. Isso permite que a empresa faça uso de toda a base de dados que adquirir nos diferentes mercados (*core*, adjacente, novos e inexistentes) para oferecer produtos cada vez melhores e mais direcionados para seus clientes, soluções mais atraentes para os corretores e informações e análises que agregam valor para seus parceiros.

INTELIGÊNCIA ARTIFICIAL
Uma área da ciência que tem como objetivo utilizar as máquinas para executar tarefas humanas de forma autônoma.

COMPUTAÇÃO COGNITIVA
Tecnologia capaz de tratar uma massa exponencial de dados, resolver problemas complexos, dinâmicos e com certo grau de incerteza e, ao mesmo tempo, aprender por conta própria.

REVENUE SHARE
Os parceiros podem ter participação no faturamento das vendas, dependendo da parceria firmada e do tipo de produto ou serviço oferecido.

ACESSO A NOVOS CLIENTES
Os parceiros passarão a ter acesso e maior proximidade com os clientes e corretores HDI, que podem passar a adquirir seus produtos e serviços.

RECEITAS DE DIVULGAÇÃO, EXPOSIÇÃO E COMUNICAÇÃO
HDI e parceiros podem usufruir de receita compartilhada para divulgação, exposição e comunicação com clientes e público-alvo.

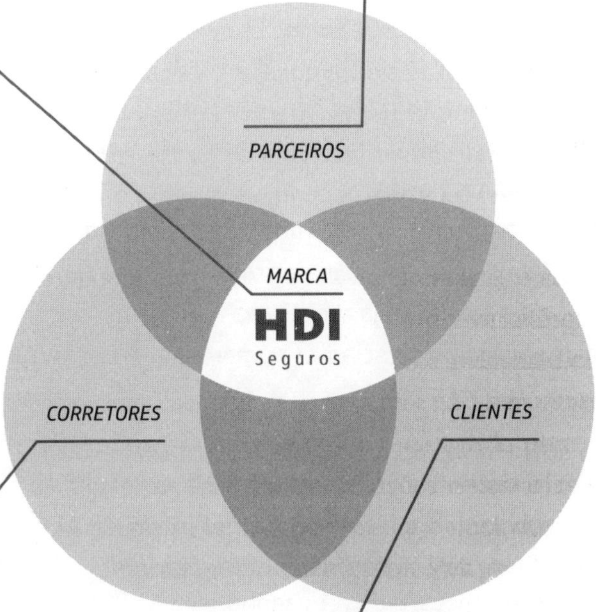

RENTABILIDADE E FIDELIZAÇÃO
A venda de produtos HDI garante uma rentabilidade atraente para os corretores e fideliza os clientes, uma vez que estejam satisfeitos com a marca.

PROGRAMA DE RELACIONAMENTO
Interação constante com o corretor, permitindo, juntamente com os parceiros, que ele viva experiências com a marca HDI sempre e não somente relacionadas à oferta e à venda de seguros.

PORTFÓLIO EXTENSO
Com novos produtos e serviços oferecidos pela HDI, o corretor pode apresentar a seus clientes uma gama muito maior de opções, aumentando as possibilidades de venda, *cross selling* e *upselling*.

NOVOS PRODUTOS E SERVIÇOS
Os clientes poderão adquirir novos produtos da marca HDI, não necessariamente relacionados a seguros.

PROGRAMA DE RELACIONAMENTO
Interação constante com o cliente, permitindo, juntamente com os parceiros, que ele viva experiências de estilo de vida com a marca HDI sempre, e não somente conectadas à venda de seguros.

MICROSSEGMENTAÇÃO E CUSTOMIZAÇÃO
Como o maior ativo da HDI é a inteligência, a empresa poderá utilizar a grande base de dados que adquirir de outros mercados para oferecer produtos direcionados a cada cliente, contemplando suas características específicas.

A EXPERIÊNCIA DO CLIENTE

Murilo Riedel, presidente da HDI Brasil

"Nosso mercado está sofrendo alterações importantes e muito grandes, que vêm afetando de maneira significativa os nossos negócios. A crise nos convidou a repensar o que estava errado e o que poderia ser mudado. Já tínhamos a consciência de que era preciso reavaliar o negócio, mas imaginávamos que esse seria um exercício para os próximos cinco anos. O cenário externo, porém, acelerou esse movimento. Além da crise econômica, sofremos a perda de um canal importante de vendas: tínhamos uma parceria muito grande com o banco HSBC, e a venda dessa instituição para o Bradesco, em julho de 2016, desfez o contrato. Houve, também, uma mudança no comportamento dos brasileiros em relação a carro, acompanhando um movimento que já acontecia em outros países.

O Brasil vinha de uma história muito forte com o automóvel, porque em países pobres esse é o meio de transporte que personifica status. Enquanto o mundo inteiro já repensava a questão do transporte, aqui as vendas de veículos cresciam a números chineses. As seguradoras se beneficiaram desse movimento e, quando tudo mudou, foram surpreendidas pela guinada de atitude em relação à mobilidade urbana.

A combinação de todas essas variáveis fez com que agíssemos com muita velocidade e firmeza. Para incrementar essa velocidade, buscamos quem já soubesse fazer planejamento estratégico e, com isso, encurtamos nosso processo de redesenho.

A leitura que foi feita do nosso negócio por meio dos fundamentos do ABOVE ALL© foi precisa, coerente e pragmática. Temos aqui um grupo de executivos muito competentes e abertos a novas metodologias. Sabemos que não somos os donos da verdade e entendemos que podemos buscar no mercado ferramentas para realizar as mudanças necessárias. A metodologia que escolhemos forçou muitas discussões, sempre valiosas porque obedeceram a uma linha de raciocínio clara. Foi preciso que pensássemos na empresa que queremos ser e construíssemos juntos um modelo de negócio, uma proposta de marca e uma proposta de valor. Esse último ponto era especialmente importante para nós porque, com o tempo, em uma empresa, é quase previsível que tudo vá se desalinhando: já não sabemos o que agregamos, qual é o valor real da nossa marca, que discurso precisamos adotar para vender o que fazemos. Precisávamos descobrir quem era de fato a HDI.

A metodologia nos instigou a isso por meio das perguntas certas e das provocações necessárias. Desenhamos a empresa que faz sentido perseguir nos próximos cinco anos: deixaremos de ser uma seguradora de automóveis para nos transformarmos em uma seguradora da jornada do cliente. Jornada, hoje, significa mobilidade, de modo que mantemos certa coerência com o conceito inicial; nos adaptamos a um cenário em que as pessoas usam menos o carro porém se movimentam mais. Hoje está claro para nós que queremos ser a seguradora da jornada das pessoas comuns."

2

Como construir uma estratégia bem-sucedida

Se a estratégia orienta as operações presente e futura de uma empresa, e se isso determinará a forma como essa empresa será percebida pelo cliente, é preciso estar atento aos sinais o tempo todo.

Um episódio ocorrido com uma grande companhia aérea americana ilustra bem a conexão entre dois momentos vitais da trajetória de qualquer organização – a definição de um planejamento estratégico e a experiência de marca.

Em um voo em abril de 2017 entre as cidades de Chicago e Louisville, a United Express, braço regional da gigante United Airlines, havia vendido todos os seus assentos. Porém, diante da necessidade de levar quatro tripulantes, ofereceu compensações financeiras a passageiros que se voluntariassem para deixar o voo, estratégia comum entre empresas aéreas que praticam overbooking. Como ninguém aderiu, um gerente sorteou quatro viajantes que seriam obrigados a sair da aeronave. Todos reclamaram, mas um em especial recusou-se a obedecer: era um médico de origem asiática que precisava chegar ao seu destino para realizar uma cirurgia.

O cirurgião David Dao foi retirado à força da aeronave, machucando-se no tumulto. A remoção foi filmada por uma passageira e o vídeo se tornou viral e fez com que as ações da companhia despencassem, com perdas que chegaram a 1 bilhão de dólares em um único dia.

A United que protagonizou essa experiência de marca desastrosa havia nascido em 2010 a partir da fusão entre a companhia homônima e a Continental Airlines. Logo após a união, investimentos vultosos foram realizados em programas de relacionamento, redesenho de logotipo e pintura de aeronaves. Porém não há comunicação capaz de reparar um erro estratégico desse porte, que, perigosamente, sinaliza ao cliente que ele não é a prioridade. A mensagem é: "Sinto muito, mas enganei você. Vendi o mesmo assento para duas pessoas e você não é mais importante do que a minha tripulação, apesar de a tripulação ser desnecessária se a companhia não tiver clientes que paguem para viajar."

A estratégia empresarial em vigor claramente privilegia os aspectos financeiros em detrimento do sentimento e da experiência dos clientes. Fica claro que se está diante de uma cultura organizacional de valores e princípios corrompidos pela frieza dos números, o que, no fim do dia, acabou por originar um tremendo efeito reverso.

Onde começa um desastre assim? Na estratégia, com reflexos diretos na gestão, traduzidos no comportamento da diretoria e da presidência. Não quero dizer aqui que o presidente da companhia soubesse em tempo real do incidente ocorrendo em um de seus aviões prestes a realizar um trecho regional. Mas há, sem dúvida, uma fragilidade estratégica.

Se a United tivesse clareza a respeito de sua estratégia, dificilmente um episódio como esse teria ocorrido. Afinal, é nesse tipo de planejamento que se delineia a identidade da marca e como ela quer ser percebida por todos que interagem com ela, bem como seu valor e como levará o cliente a compreendê-lo a ponto de pagar por ele. É nesse momento que se estrutura o diferencial em relação à concorrência e à forma de operar o negócio.

Um planejamento estratégico frágil ou inexistente resulta no cenário em que um gestor no teto da cadeia de comando emana uma orientação sobre como tratar clientes e colaboradores, essa diretriz chega a um pequeno voo regional e causa estragos monumentais no desempenho da empresa em bolsa de valores.

Vale fazer um paralelo com a companhia brasileira TAM, incorporada à chilena LAN em 2010, dando origem à Latam. O fundador da TAM, comandante Amaro Rolim (1942-2001), costumava viajar como passageiro em seus voos para avaliar a qualidade dos serviços e do atendimento, e esticava um tapete vermelho nas pistas dos aeroportos para recepcionar seus clientes. A empresa tinha uma estratégia clara, um fundador que se tornara guardião de seus princípios e propósitos e uma gestão comprometida com a excelência do atendimento.

É claro que pode haver uma distorção de comportamento em uma empresa que tem dezenas de milhares de funcionários, como a United. No entanto, quando ocorre, as atenções da sociedade e do mercado se voltam para a direção da companhia, que, nesse caso, reagiu mal. O CEO à época, Oscar Muñoz, culpou, em um e-mail a funcionários, o comportamento "inconveniente e beligerante" do passageiro e, em nota oficial, pediu desculpas por "precisar reacomodar aqueles clientes". O tom só mudou quando as críticas se exacerbaram. "Ninguém deveria ser maltratado dessa maneira", corrigiu-se dois dias depois.

Nenhuma empresa é infalível, mas um episódio lamentável como o do passageiro retirado à força é, sim, um problema de estratégia e deveria deixar como legado uma reflexão sobre a importância desse planejamento – e as consequências de negligenciá-lo. Errar faz parte do jogo. Porém posicionar-se de maneira a não enxergar o erro transmite uma mensagem para e sobre a organização – e novos erros voltarão a acontecer.

INSTITUTO TÊNIS: PLANO PARA DUAS DÉCADAS

Qual é o horizonte de tempo para a construção de uma estratégia bem-sucedida?

O planejamento estratégico clássico sugeria um período de três a cinco anos, mas tudo está em permanente revolução nos tempos exponenciais que já vivemos. No entanto, o que quer que ocorra, sempre será necessário ter uma estratégia. E ela pode ser ambiciosa, como mostra o planejamento do Instituto Tênis, organização sem fins lucrativos fundada por um grupo de apaixonados por esse esporte, entre eles o empresário Jorge Paulo Lemann, empenhado em desenvolver a modalidade no Brasil. Hoje, o instituto trabalha para emplacar, nas próximas duas décadas, dois atletas formados pelo projeto no posto de número 1 do mundo.

Décadas? Sim, décadas.

Estou certo de que isso é perfeitamente possível e, com apoio da estratégia e da estatística, desenvolvo um trabalho de longuíssimo prazo no Instituto Tênis utilizando os elementos do ABOVE ALL©.

Quando cheguei, o diretor executivo, Cristiano Borrelli, relatou o "potencial inexplorado" do tênis no Brasil. Sim, mas qual é o tamanho desse potencial?, eu quis saber. Silêncio. Naquele momento, dez anos haviam se passado desde a criação do instituto, e a organização queria – e precisava

– crescer. Tinha formado um excelente corpo de gestores técnicos, oferecia treinamento a um elenco de jovens tenistas talentosos e tinha um único patrocinador, um grande banco. Havia o desejo de captar novos parceiros no mercado para ampliar sua atuação, mas como deveria ser essa atuação? Após várias rodadas de entrevistas com os membros do conselho e da direção do instituto, chegamos a um propósito claro: formar tenistas capazes de alcançar o posto de número 1 do mundo.

Para isso, era necessário calcular uma base de crianças atingidas pelas ações do instituto, de maneira a identificar talentos e permitir que aflorassem. Fizemos um extenso estudo de correlação com países que são potências no tênis, como Estados Unidos, Austrália, Reino Unido, França, Suécia, Espanha, Rússia, República Tcheca, Sérvia e Argentina, analisando indicadores como população, PIB per capita, número de jogadores nos rankings da Associação dos Tenistas Profissionais (ATP) e a quantidade de títulos conquistados em torneios internacionais. Então definimos, com ferramentas estatísticas, que, para atingir a meta, seria necessário ter 540 mil crianças jogando tênis no Brasil. Dessa safra, possivelmente sairiam os dois potenciais números 1. Realizado pela primeira vez em 2012 e refeito em 2017, o estudo mostra números muito próximos, como se observa abaixo.

NÚMERO DE TENISTAS DE ALTO RENDIMENTO

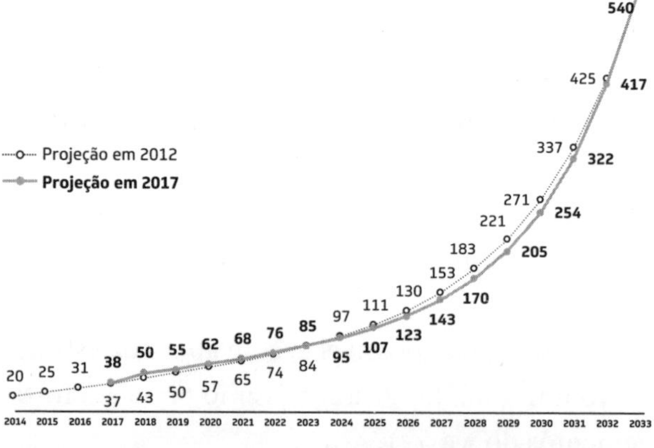

Ranking ATP 2033	Atletas Instituto Tênis
1	1
2–10	1
11–50	4
51–100	6
101–200	8
201–300	10
301–400	12
401–500	12
TOP 500	54

540.000 crianças impactadas — Somente **1%** das crianças que jogam tênis tem potencial para se tornarem atletas

→ **5.400** atletas — Dentre os atletas brasileiros, a experiência mostra que **10%** têm potencial para atingir alto rendimento

→ **540** atletas de alto rendimento — O estudo da correlação demonstrou que o Brasil tem potencial para posicionar 54 atletas no TOP 500

Dessa correlação nasceu um plano de massificação do esporte com o objetivo de contribuir para fazer do tênis o terceiro esporte mais popular no Brasil, atrás apenas do futebol e do vôlei. O objetivo é ampliar a nossa base de tenistas com a implementação de uma metodologia própria de trabalho, com acompanhamento, controle e gestão das atividades dos atletas na quadra e fora dela.

A simples definição de um propósito para o Instituto Tênis já ensejou o modelo de negócio, a nova marca, um novo posicionamento mercadológico e um novo plano de comunicação (*ver capítulo 11*). Segundo Fernando Gentil, membro do conselho administrativo, até a implantação do ABOVE ALL©, o Instituto Tênis era uma espécie de startup. "A metodologia nos auxiliou a dar o próximo passo para nos tornarmos a organização de grande credibilidade que somos hoje. Ajudou a criar processos internos, reforçar a qualidade da equipe, montar um plano de negócios, como se fosse realmente uma empresa, e melhorar o design da nossa marca, desde o site até o visual do uniforme dos tenistas", explica.

Como resultado desse esforço, no início de 2019 o projeto de massificação, batizado de Maria Esther Bueno, já havia impactado mais de 32 mil crianças em 12 núcleos espalhados por seis estados brasileiros. Quarenta e cinco atletas de alta performance treinam diariamente, com resultados muito expressivos: ao longo de 2018, participaram de 37 finais de campeonatos em simples, conquistando 26 títulos; em dupla, foram 46 finais, com 30 títulos arrebatados.

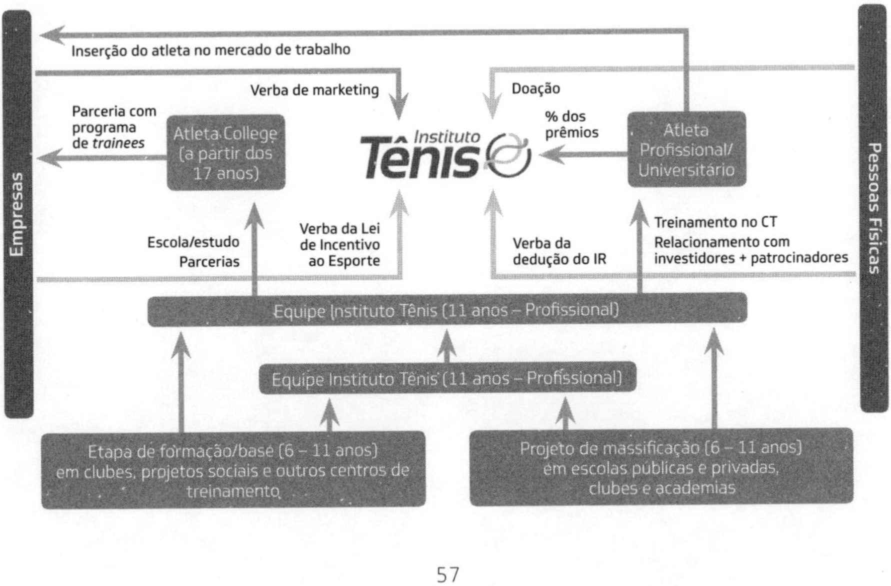

A EXPERIÊNCIA DO CLIENTE

Cristiano Borrelli, diretor executivo do Instituto Tênis

"O esporte brasileiro tem uma cultura de curto prazo: queremos resultados para ontem. Mas em nenhum esporte é assim, e o tênis não é exceção. O conceito ABOVE ALL© ajudou o Instituto Tênis a construir um planejamento estratégico de longo prazo, importantíssimo para nosso objetivo de formar tenistas para alcançar a posição de número 1 do mundo.

Amparado por dados estatísticos de outras nações que se destacam nesse esporte, esse planejamento permitiu que calculássemos o tamanho do esforço necessário para ter mais crianças jogando tênis. Quando definimos, em 2013, que teríamos 14 atletas no Top 100 no ano 2033, parecia uma meta ambiciosa demais, mas foi justamente ela que nos obrigou a construir os trilhos para chegar até lá.

Vimos que seria preciso mudar alguns pontos para torná-la factível. De cada 100 crianças jogando tênis, uma quer chegar ao alto rendimento, e desse pequeno universo apenas 1% chegará de fato à elite. Esse racional pedia uma base de que o Brasil não dispõe, então começamos a construí-la, com um grande projeto de massificação do esporte que já está dando frutos."

3
De olho no futuro

Quando se trata de planejar o futuro de uma organização, não basta olhar para trás, inteirar-se do trajeto que ela percorreu até aquele ponto e imaginar uma continuidade linear. É preciso que entre em cena a capacidade de fazer julgamentos.

Defino julgamento como a habilidade de construir e gerenciar cenários complexos com múltiplas variáveis aplicadas a um horizonte de tempo futuro, no qual, por natureza, há incerteza e ausência de fórmulas previamente definidas. É justamente ele que permitirá construir uma estratégia robusta para o futuro das organizações, afastando o fantasma do fracasso e favorecendo êxitos.

Quando não se pensa estrategicamente, cedo ou tarde as consequências virão. É inútil procurar as razões do insucesso de uma empresa no presente. Elas estão no passado, fruto de decisões que foram tomadas cinco, até mesmo dez anos antes. O problema, em geral, não está na marca: está na estratégia.

Nesse quesito, os exemplos da Kodak e da rede de aluguel de filmes Blockbuster permanecem imbatíveis. A americana Kodak, fundada pelo criador do filme fotográfico, George Eastman, não acompanhou os avanços da tecnologia digital. Sobreviveu à falência, em 2012, porém muito menor do que em seu passado de glórias. O grande paradoxo da história é que foram os próprios pesquisadores da Kodak que inventaram a fotografia digital. No entanto, o projeto foi engavetado pela diretoria, que temeu o impacto dessa tecnologia sobre seu poderoso e rentável negócio do filme.

A rede Blockbuster começou a ratear com a desaceleração dos resultados de Hollywood em meados dos anos 1990, transformou-se em lojas de conveniência na tentativa desesperada de aumentar o tíquete médio de seus clientes e, por fim, sucumbiu a negócios inovadores como a Netflix. Perdeu a oportunidade de se reinventar e fechou suas últimas unidades nos Estados Unidos no final de 2013. No Brasil, a rede fechou suas lojas físicas antes, em 2007.

Julgamento é fundamental: sem ele não existe planejamento. Um gestor que não conhece os pilares de um bom planejamento estratégico poderá afundar uma companhia. O oposto é verdadeiro, felizmente. Um executivo familiarizado com o real conceito de estratégia tem potencial para assegurar a perpetuidade do negócio que comanda.

Em 2016, como mentor da rede de empreendedorismo Endeavor, acompanhei uma empresa ainda jovem, nascida em 2012, que havia crescido rápido e enfrentava as primeiras dores do negócio que dá certo. A Geekie, plataforma de educação on-line focada nos grandes problemas do ensino médio brasileiro – as avaliações decisivas, como vestibulares e Enem, e a evasão que leva metade dos alunos que iniciam essa etapa a não concluir os estudos –, debatia-se com um dilema de sobrevivência.

Com um modelo de negócio baseado na oferta da plataforma às escolas, enfrentava uma resistência natural. Muitos diretores viam a ideia de levar a Geekie a seus alunos como um atestado da própria incapacidade de prepará-los adequadamente e cativá-los com seus métodos de ensino. Propus um novo modelo calcado na oferta às famílias, amparado na premissa da própria Geekie: duas pessoas não aprendem da mesma forma, portanto, em vez de o aluno se encaixar no currículo, o currículo é que poderia se adaptar às necessidades do aluno. Esse status configuraria uma educação com personalização, o que conversa com as tecnologias do futuro. Isso é pensar em perpetuidade.

"A mentoria do Max foi fundamental para a Geekie em um momento crucial", conta Claudio Sassaki, cofundador da empresa. "Após cinco anos de operação e mudanças profundas no contexto brasileiro, nos deparamos com várias possibilidades estratégicas e não tínhamos a clareza de por qual caminho seguir." De acordo com Sassaki, Max os apoiou com uma modelagem bem definida, clara e enxuta: "Com isso, foi possível estruturar e quantificar nossos diferenciais, as melhores oportunidades, os recursos financeiros e humanos necessários e, sobretudo, alinhar nosso propósito com o modelo de negócio. Essas decisões foram um marco em nossa história." Em menos de três anos, a Geekie triplicou de tamanho e hoje é uma empresa muito maior, veloz e totalmente focada em uma solução que maximiza o negócio e potencializa seu impacto.

O mercado está repleto de modelos de predição, mas sempre será necessário tomar decisões, das mais simples às mais complexas: apoiar-se ou não nos números de determinada pesquisa? Embarcar ou não em outro mercado? Fechar ou não essa fábrica? Demitir ou não aquele funcionário? Todos os dias, o tempo todo, decisões são tomadas após exercícios de julgamento, que serão mais relevantes (e também mais difíceis) quanto mais incerta for a situação.

Da mesma forma, quanto maior o horizonte de tempo, maior o grau de incerteza; quanto maior a incerteza, maiores o grau de julgamento necessário e a importância de fortalecer a capacidade de antever o futuro. A ESTRATÉGIA DOS TRÊS PILARES é de extrema utilidade em ambientes de incerteza.

Um ponto importante, a meu ver, é que o julgamento pode ser combinado com a intuição sem que isso prejudique o planejamento estratégico; pelo contrário, pode até beneficiá-lo. A intuição, definida como a "faculdade de perceber, discernir ou pressentir coisas independentemente de raciocínio ou de análise", distingue-se do julgamento por ser totalmente despida de embasamento técnico e teórico. Ela não se ampara em conhecimento prático anterior nem em experiência adquirida, mas pode – e deve – ser considerada.

O presidente de uma empresa global, que precisa pensar 20, 30, 50 anos à frente, deve ser um líder capaz de captar sinais que estão fora do radar da maioria das pessoas ou que ainda não existem.

Isso não é impossível.

Um interessante exemplo recente é o do empresário Alexandre Lafer Frankel, proprietário de uma construtora nascida em São Paulo, a Vitacon. Fundada em 2009, a empresa especializou-se em residências compactas. Os primeiros apartamentos lançados pela Vitacon tinham pouco mais de 40 metros quadrados, mas, em anos mais recentes, os imóveis encolheram para até 14 metros quadrados e podem chegar a 10 metros quadrados. Em 2017, a empresa teve um faturamento de 860 milhões de reais; em 2018, mesmo com o mercado imobiliário em ruínas, lançou

1.919 unidades, com valor total de 1,23 bilhão de reais. Como conseguiu esse feito?

Com um radar ligadíssimo nas tendências de seu tempo, Frankel olhou ao seu redor e identificou um público menos afluente, casando-se e constituindo família cada vez mais tarde porém desejoso de morar sozinho. Conectou sinais dispersos, inventou um novo negócio, reuniu conhecimento e firmou uma marca. Com isso, produziu inovação e resultados robustos que culminaram na captação de investimentos internacionais da ordem de 2 bilhões de reais, no início de 2019, para a construção de 3.500 unidades em cinco projetos diferentes.

Esse senso de orientação para seu tempo não é privilégio de novos negócios. A Unilever, uma multinacional tentacular e octogenária, faz isso praticamente todo dia: está atenta aos sinais, reposiciona produtos, redesenha embalagens e cria novos mercados. Não satisfeita em ter um sabão em pó que é líder de mercado, no final de 2016 fez uma parceria com uma rede para oferecer um serviço de lavanderia em domicílio por assinatura. O assinante define seu plano e tem direito a coleta de peças sujas em casa, lavagem com o produto em questão e devolução em dias predeterminados da semana. Alguém na Unilever leu os sinais, produziu conhecimento, aplicou um julgamento e tomou uma decisão que criou um novo negócio.

O que determina o sucesso de um negócio? Em linhas gerais, será menos a origem e mais a condução no dia a dia, ou seja, as decisões amparadas em julgamentos corretos, embasados em informações e sem que se despreze a intuição.

A Unilever tem uma marca de sucesso, comunica-se bem com o público-alvo de seu novo negócio e o faz funcionar: a roupa volta para o cliente no prazo, limpa e bem passada, e os assinantes estão satisfeitos. Porém não existe garantia de que os fatores que trouxeram o sucesso no passado levarão ao êxito no futuro. Pode ser, por exemplo, que daqui a 10 ou 20 anos surjam roupas descartáveis, baratas e feitas de material reciclável.

A ESTRATÉGIA DOS TRÊS PILARES auxilia as empresas a ordenar as informações disponíveis e a apreciá-las com um olhar voltado para o futuro, sempre pontuando que as realizações dos últimos 100 anos podem não ser suficientes para garantir sequer os próximos cinco.

Repousar sobre os louros conquistados é suicídio empresarial. E o antídoto contra isso é o planejamento estratégico. Se ele existir e estiver claro a todos os setores, a organização se mostrará inteira, coerente. A contratação de um trainee com determinado perfil estará em harmonia com a decisão de produzir certa embalagem, que por sua vez influenciará a escolha do canal de comunicação para anunciar os produtos. Esse alinhamento é vital para a execução da estratégia e, consequentemente, para um processo de branding consistente.

MAKSOUD: DERRUBANDO AS FRONTEIRAS DA HOTELARIA TRADICIONAL

Ícone paulistano, o Hotel Maksoud Plaza vinha de um passado de glórias, mas vivia um presente de sobressaltos quando utilizou a metodologia, entre 2016 e 2019, em um cenário de adversidades crescentes e escassez de recursos para investimento no negócio.

Fundado em 1979 pelo empresário Henry Maksoud, o hotel fincado no coração da Bela Vista, a uma quadra da avenida Paulista, tornou-se rapidamente um ponto de encontro entre grandes banqueiros, políticos e executivos. Em agosto de 1981, foi palco de quatro shows do cantor Frank Sinatra. Celebridades de passagem por São Paulo disputavam seus 416 quartos e suítes. O Maksoud era um símbolo de elegância e glamour. Na virada para os anos 2000, porém, os hóspedes começaram a minguar. O eixo financeiro da capital paulista transferia-se, pouco a pouco, para outra avenida, a Luiz Carlos Berrini, na zona Sul, em torno da qual prosperou uma rede hoteleira luxuosa.

Ao mesmo tempo, o conglomerado de empresas de Henry Maksoud, notadamente a Hidroservice, teve expressiva queda de receitas e relevância. O hotel, mesmo bem-sucedido, não era capaz de equilibrar a balança. Investimentos previstos para outras cidades, como Angra dos Reis (RJ) e Manaus (AM), foram congelados e, em 2011, o prédio do Maksoud Plaza foi leiloado.

A morte do patriarca, em 2014, abriu terreno para disputas de herança que, somadas às batalhas judiciais em curso, ameaçavam a sobrevivência do hotel. Coube a Henry Maksoud Neto, que vinha trabalhando com o avô desde os 15 anos e herdara a maior parte de seu patrimônio, administrar o emaranhado de ações trabalhistas e movidas por terceiros, um prédio que fora arrematado em leilão por outros empresários e um corpo de funcionários com tempos de casa que variavam de 1 mês a 35 anos. A saída que ele enxergou passava por um planejamento estratégico alinhado com a realidade do país e do hotel, assim como com o novo perfil de hóspedes. Era preciso reposicionar a marca Maksoud no mercado.

PREÇO ALTÍSSIMO
(maior custo independentemente do benefício)
FASANO
EMILIANO
PREÇO ALTO
(maior custo em relação ao benefício)
INTERCONTINENTAL
HOTELS & RESORTS
MAKSOUD PLAZA
RENAISSANCE
HOTELS
HYATT
PREÇO INTERMEDIÁRIO
(melhor custo-benefício)
Hilton
HOTELS & RESORTS
Sheraton
São Paulo WTC
Grand Mercure
pullman
GOLDEN TULIP
MAKSOUD PLAZA
Mercure
MELIÃ
PAULISTA
PREÇO BAIXO
(menor custo em relação ao benefício)
Blue Tree
Premium
Paulista · São Paulo
QUALITY
HOTEL
PREÇO BAIXÍSSIMO
(menor custo, menor benefício)
ibis
ibis budget
feller hoteis
NOVOTEL
HOTELS & RESORTS
PAULISTA WALL STREET SUITES

O estudo exploratório interno, conjunto de entrevistas em grupo e individuais realizadas com quase 200 colaboradores e executivos do Maksoud a partir da aplicação da ESTRATÉGIA DOS TRÊS PILARES, revelou um hotel com baixa autoestima e colaboradores desesperançados. No entanto, mostrou também a presença de ativos muito potentes, que ajudariam o hotel a virar o jogo desde que fossem equacionadas as demandas externas – algumas delas de desfecho imprevisível.

Entre esses ativos havia uma marca forte no universo da hotelaria, associada a luxo e excelência (*ver capítulo 13*), um conhecimento indiscutível do segmento e um prédio que três gerações de paulistanos identificavam ao primeiro olhar. Havia os que vivenciaram a plenitude de sua vida adulta em festas, jantares e eventos no Maksoud, em geral pessoas com mais de 40 anos; outros, mais jovens, que tiveram momentos únicos em ocasiões pontuais, como os cafés da manhã no lobby do hotel após as tradicionais festas de 15 anos de colegas da escola; e ainda os que não haviam experimentado uma coisa nem outra, mas herdaram das duas gerações anteriores as histórias e boas lembranças ali vividas e eternizadas.

A pergunta essencial era: como fazer uso estratégico desses ativos, em especial os intangíveis – marca e lembranças poderosas? Como fazê-los capturar valor e gerar lucro financeiro dentro e, acima de tudo, além da estrutura predial do hotel? Seria possível? Como levar a marca Maksoud a gente que nunca tinha ouvido falar do hotel?

Era, claramente, um convite a criar um planejamento estratégico totalmente "fora da lei" quando comparado ao que fazem outros hotéis. Alicerçada em pesquisas internas e em fontes de domínio público, somadas a estudos com clientes e hóspedes, a equipe de consultores e executivos envolvida no projeto começou a estruturar um modelo de negócio que derrubasse as fronteiras da hotelaria convencional.

Mais do que um hotel, o Maksoud passou a se enxergar como um ecossistema que congregasse ambientes para coworking, fitness, lojas de conveniência, eventos, entretenimento e até mesmo locações de curta temporada inspiradas em plataformas como Airbnb. Vieram à tona, também, possibilidades de uso da marca Maksoud por meio de três modelos: licenciamento (produtos fabricados por terceiros para serem comercializados em múltiplos canais), *private label* (produtos fabricados por terceiros, por ordem do próprio Maksoud, como já se faz hoje com a água mineral que é consumida dentro do hotel) e lançamento de itens *co-branded* (produzidos por terceiros, combinando a marca Maksoud e a de uma empresa parceira, que pode ou não ser a fabricante). Tudo para aproveitar ao máximo o prestígio duradouro da marca. Observe o modelo que desenhamos:

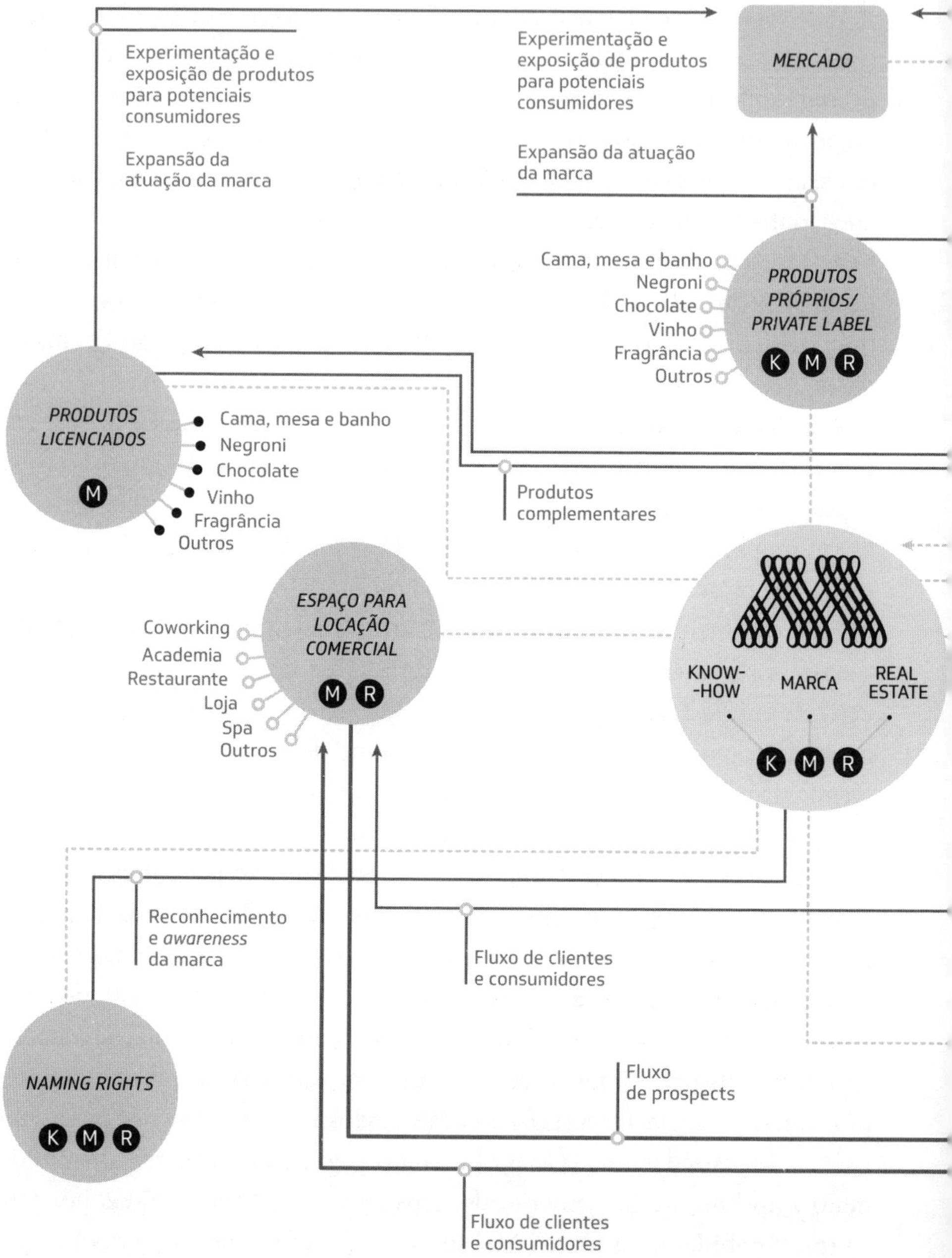

MERCADO
Experimentação e exposição de produtos para potenciais consumidores
Expansão da atuação da marca
Experimentação e exposição de produtos para potenciais consumidores
Expansão da atuação da marca
PRODUTOS PRÓPRIOS/ PRIVATE LABEL
K M R
Cama, mesa e banho
Negroni
Chocolate
Vinho
Fragrância
Outros
PRODUTOS LICENCIADOS
M
Cama, mesa e banho
Negroni
Chocolate
Vinho
Fragrância
Outros
Produtos complementares
ESPAÇO PARA LOCAÇÃO COMERCIAL
M R
Coworking
Academia
Restaurante
Loja
Spa
Outros
KNOW-HOW
MARCA
REAL ESTATE
K M R
Reconhecimento e *awareness* da marca
Fluxo de clientes e consumidores
NAMING RIGHTS
K M R
Fluxo de prospects
Fluxo de clientes e consumidores

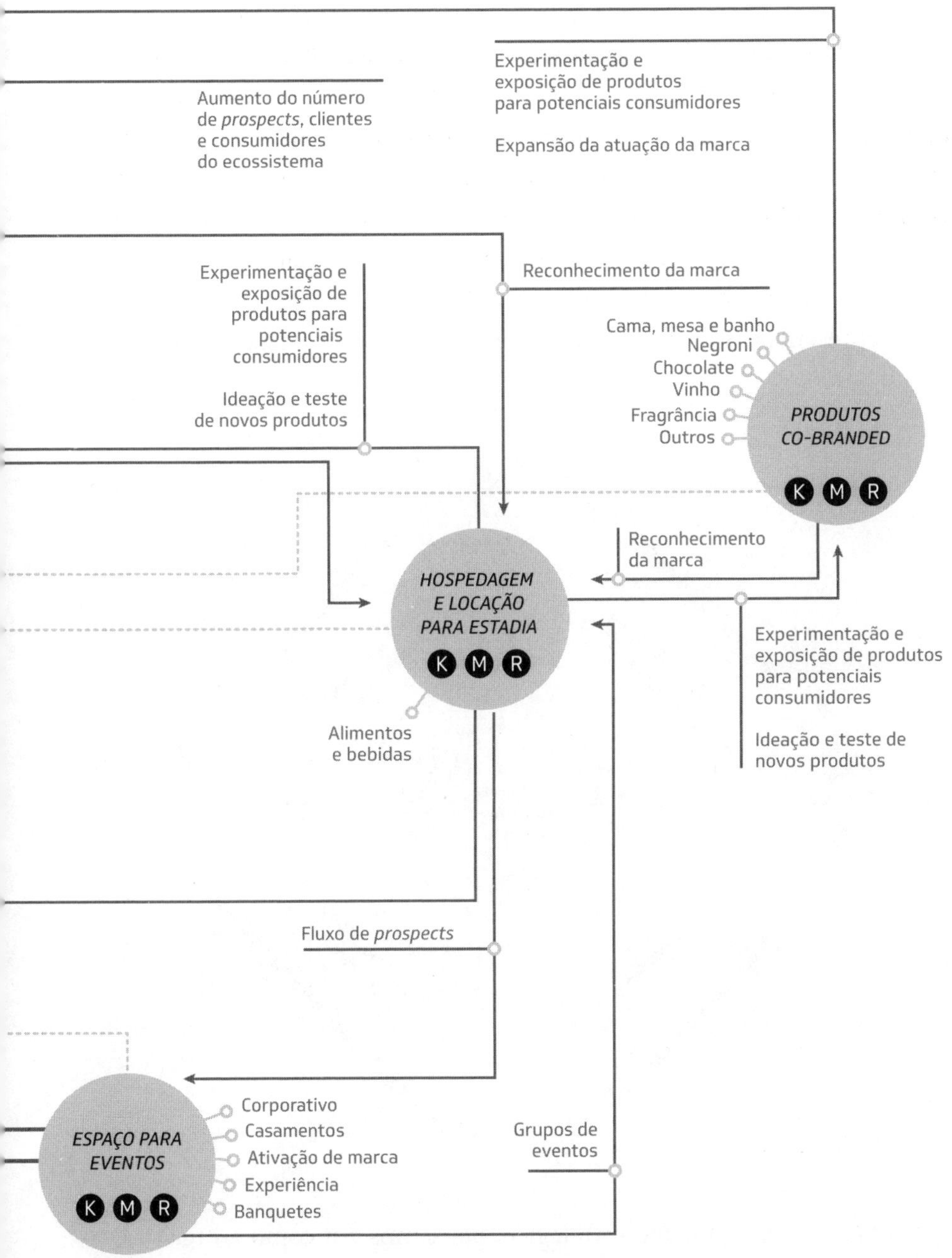
Experimentação e exposição de produtos para potenciais consumidores
Expansão da atuação da marca
Aumento do número de *prospects*, clientes e consumidores do ecossistema
Experimentação e exposição de produtos para potenciais consumidores
Ideação e teste de novos produtos
Reconhecimento da marca
Cama, mesa e banho
Negroni
Chocolate
Vinho
Fragrância
Outros
PRODUTOS CO-BRANDED
K M R
Reconhecimento da marca
HOSPEDAGEM E LOCAÇÃO PARA ESTADIA
K M R
Experimentação e exposição de produtos para potenciais consumidores
Ideação e teste de novos produtos
Alimentos e bebidas
Fluxo de *prospects*
Corporativo
Casamentos
Ativação de marca
Experiência
Banquetes
ESPAÇO PARA EVENTOS
K M R
Grupos de eventos

O Maksoud planejou tornar-se um sistema que compreendesse os relacionamentos com as pessoas orbitando em torno do hotel e, no círculo mais amplo, da cidade. Até maio de 2019, já operavam ali um Havana Café, o bar-restaurante Vino, o spa Reactive e um salão de beleza feminino, entre outras lojas, além do já tradicional bar Frank – eleito várias vezes um dos melhores do mundo. O teatro estava perto de ganhar a marca de uma empresa, que negociava o direito de aplicar seu nome à sala, enquanto a cobertura acolhia eventos sociais e empresariais exclusivos. Alguns produtos e serviços estão em fase de estudo de viabilidade para lançamento no mercado nacional com a assinatura Maksoud.

A representação visual desse ecossistema pode ser vista na imagem a seguir.

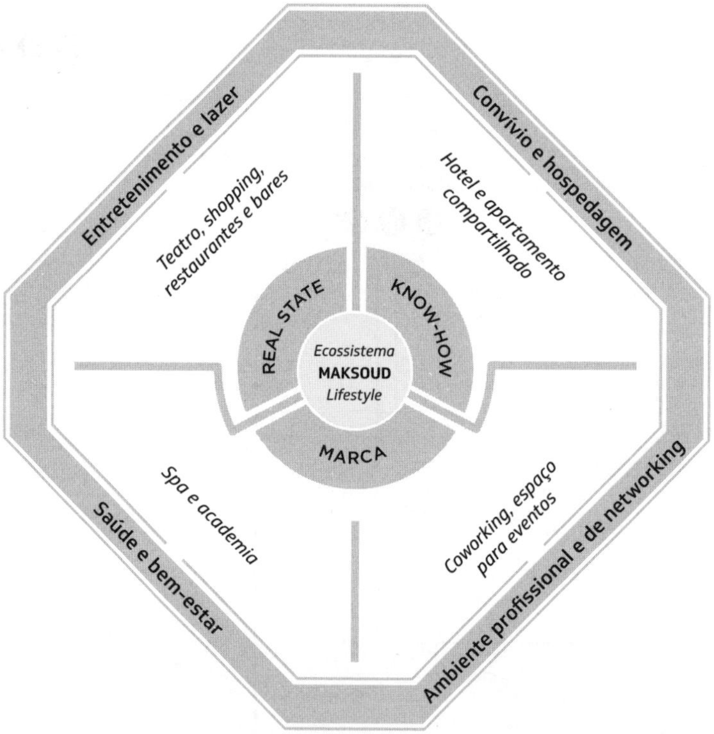

Ao fazer o planejamento estratégico, pensamos em como a organização vai operar, se posicionar e capturar valor nos próximos 10, 15, 20 anos. Além disso, buscamos saber o que ela entregará ao mercado e como fará isso.

A EXPERIÊNCIA DO CLIENTE

Henry Maksoud Neto, CEO do Hotel Maksoud Plaza

"Sabíamos que era preciso transformar o negócio e apontá-lo para o futuro. Afinal, a hotelaria está passando por mudanças profundas, que só tendem a se acelerar. Nosso mercado está sendo praticamente reestruturado por uma confluência de novos aplicativos, novos jeitos de se hospedar.

A metodologia nos ajudou a enxergar como poderia ser esse futuro e a criar condições para nos adaptarmos a ele sem abrir mão dos nossos valores. Não queremos fazer um *copy-paste* de um passado de glamour que perdeu o sentido para as novas gerações. Observamos o que está acontecendo no mundo e nos posicionamos de acordo com o que é considerado valor hoje, como as questões ligadas à sustentabilidade."

4

O que a cultura tem a ver com isso

Por mais afiada que seja a estratégia, por mais perspicaz e atento que seja o executivo responsável por sua condução, por mais que tenha havido um excelente mapeamento de informações para nortear os julgamentos e driblar as incertezas – ainda que tudo isso seja verdadeiro, quando se faz um planejamento estratégico, a única certeza que se tem é de que imprevistos ocorrerão. Mesmo assim, é preciso que se saiba aonde se quer chegar. E, claro, que se desenhe o caminho desejado de maneira consistente.

É igualmente imprescindível e inevitável que o líder da companhia esteja envolvido no processo. Sem esse componente, até os melhores e mais bem-intencionados esforços correm risco de naufrágio. Uma marca que se transforma em uma grande potência terá necessariamente uma liderança forte e responsável pela disseminação da cultura da empresa. Líderes como o extravagante empresário britânico Richard Branson, da Virgin, e o visionário fundador da Apple, o falecido Steve Jobs, são ou foram, para as organizações que criaram, a fonte a respeito do que a marca deve ser. A cultura da empresa. A antítese do caso United mencionado anteriormente.

Inúmeros autores já escreveram sobre o conceito de cultura organizacional e sua importância para a coesão e o sucesso de uma companhia. De maneira simplificada, defino a cultura como um conjunto de práticas, valores e princípios adotados no dia a dia dentro de uma organização e que a diferenciam das demais. Nem sempre é o que está escrito na parede – aliás, muitas vezes é diferente. Cultura é a forma como um visitante é recebido. O conjunto de escolhas e decisões que norteia a trajetória da companhia. No entanto, aqui estou mais interessado em relacionar a cultura à estratégia.

Em uma empresa bem estruturada, a cultura organizacional permeia e é gerenciada de modo harmônico em todas as frentes do conceito ABOVE

ALL©: marketing, design e gestão a partir da estratégia. Uma companhia que agrupa várias marcas de cerveja, por exemplo, define que a bebida A terá posicionamento de mercado diferente da bebida B, de maneira que cada uma seja única. Haverá, porém, um fio condutor, que pode ser, por exemplo, a postura de mercado agressiva válida para ambas as marcas. Esse fio condutor é determinado pela vocação da empresa, fundamental para a sobrevivência de qualquer organização – e, consequentemente, para a vitalidade da estratégia e da gestão.

A ideia de vocação ganhou significado organizacional em 2009, quando o palestrante e consultor britânico Simon Sinek falou sobre o propósito durante uma TED para explicar o que distingue empresas inspiradoras de outras que despertam apenas apatia. A diferença, segundo Sinek, está no *porquê* de fazerem o que fazem. Seu exemplo era a Apple, uma companhia que "pensa diferente" – esse é seu propósito. Como pensa diferente, consegue fazer produtos amigáveis, belos e intuitivos, invertendo a lógica tradicional das empresas, mais preocupadas com *o que* vender e *como* vender e distantes de *por que* o fazem – o propósito.

O fato é que toda organização nasce (ou deveria nascer) a partir de uma vocação, a qual, por sua vez, deriva de uma visão de negócio, de uma oportunidade detectada no mercado ou mesmo de uma vontade forte. Quantas vezes não ouvimos relatos de empreendedores que decidiram criar uma empresa porque estavam insatisfeitos com o que o mercado oferecia?

A vocação pode ser definida como o DNA de uma empresa. Ela tem a ver com a origem da organização e o que motivou seu(s) fundador(es) a erguer aquele negócio, a decidir dar vida a uma ideia. A resposta à pergunta sobre qual é a vocação de determinada empresa nunca deve ser "ganhar dinheiro" – embora alguns empreendedores ainda acreditem que esse objetivo possa ser a base de uma trajetória longeva. A resposta correta seria algo como: "entreter com qualidade", "fazer o usuário gastar menos tempo no trânsito", etc. Tampouco deve ser "vender a empresa daqui a 10 anos pelo triplo do valor", outra afirmação recorrente. O mundo está cheio de negócios que começaram dessa maneira e não resistiram ao tempo.

No nível individual, a vocação é o que faz as pessoas acordarem todos os dias e se motivarem a ir trabalhar. A motivação verdadeira nasce internamente; não existe motivação externa. Mesmo enfrentando várias cobranças, pressionado pelo conselho de administração, pelos acionistas que reivindicam dividendos maiores, pela concorrência e muitas vezes até pela própria família, porque trabalha muito, o presidente ou empreendedor movido por uma vocação é capaz de se automotivar.

Isso não é verdade apenas para o líder. Uma vocação cria uma força dentro da empresa tanto para atrair quanto para repelir pessoas e ideias. Nas pesquisas sobre clima organizacional, quando pergunto por que há gente saindo da companhia, uma das respostas mais frequentes indica justamente a ausência de vocação ou o distanciamento da vocação. É comum não haver identificação com os princípios e os valores da empresa.

A vocação tem superpoderes para conquistar jovens talentos e manter coeso o grupo de funcionários que vai construir a empresa e mantê-la nos trilhos. Ela cria uma espécie de campo energético que atua igualmente sobre pessoas e sobre outras companhias: com base em propósitos alinhados, pode-se pensar em projetos empresariais comuns, amparados por práticas e valores compartilhados. Também serve para dizer "não" a empresas cujos valores e procedimentos – até produtos – se chocam com o que buscamos para nós mesmos ou para nossa organização.

Quando montei minha consultoria, a SONNE, tinha total clareza sobre minha vocação empresarial. Minha companhia seria diferente das demais porque traria a gestão para o coração da construção do branding. Sempre acreditei que isso faria diferença na vida das empresas, abrindo espaço para que prosperassem mais, gerassem mais recursos e, com essa riqueza, melhorassem a vida de cada vez mais indivíduos dentro e fora da organização. A cada pessoa que convidava a trabalhar comigo, repetia minha vocação como se fosse um mantra e sondava se ela se alinhava aos valores do futuro colaborador.

Há empresas que possuem aura e atuam em mercados encantadores. É fácil encontrar jovens brilhantes interessados em trabalhar em companhias como a Apple ou a Natura, porém como atraí-los para setores sem o mesmo glamour, como uma empresa de geração de energia? Pela vocação, que deve transcender as questões comerciais e se voltar para a possibilidade de autorrealização e satisfação profissional.

Essa busca é ainda mais forte nos *millennials*, a geração nascida entre 1979 e 1993, que, portanto, chegou à idade adulta nos anos 2000. Definidos como pessoas ávidas por mudanças e experimentações, eles "buscam um propósito em tudo que fazem, principalmente no trabalho e no relacionamento com marcas e produtos", segundo Luiz Arruda, consultor do portal WGSN Mindset. Seguindo essa tendência, os integrantes da próxima geração, que já é chamada de Ômega, se aprofundarão ainda mais nessas questões filosóficas e essenciais, principalmente no que diz respeito às relações com o meio ambiente, com a tecnologia e com eles mesmos. Nesse ponto, são bem diferentes da geração anterior, a X, que persegue a recompensa pelo mérito e pelo trabalho duro e possui um profundo respeito pela hierarquia. O problema é que muitas empresas ainda não perceberam que só conseguirão seduzir e reter os *millennials* e, futuramente, os Ômega se tiverem uma vocação.

O ABOVE ALL© não se propõe a construir a vocação de uma organização por um motivo simples: mesmo que nunca tenha sido registrada de maneira formal, ela já está lá. Muitas vezes é preciso destilá-la, criando um enunciado representativo, que chamamos de "tradução". Isso se faz após ouvir não raro centenas de colaboradores de todos os níveis hierárquicos da empresa, clientes, concorrência, e também após um mergulho na história da companhia em questão. Da coleta profunda de informações nasce a tradução. Em muitos casos, é a primeira etapa para tornar tangível uma vocação que estava presente nas práticas do dia a dia porém ainda tinha uma característica etérea para funcionários e gestores.

Nesse processo, três dimensões da empresa são trabalhadas: a vocação em si, a história e o legado que pretende deixar para as próximas gerações. Dessa forma é possível ter clareza sobre sua origem, o que ela construiu até o momento e como norteará a estratégia a partir do legado pretendido. Trata-se do método mais simples e eficiente de apoio a organizações que desejam compreender sua razão de existir, traduzindo-a de forma a inspirar e servir como instrumento de disseminação de ideias e de atração – e repulsão – de pessoas, sejam colaboradores, parceiros ou fornecedores.

ONODERA: O MELHOR REMÉDIO É A VOCAÇÃO

A noção de vocação é um componente vital da estratégia. Permeia cada célula da companhia e se faz presente na construção dos valores e das práticas que desaguarão na cultura empresarial. Quando a vocação de uma organização é fagocitada pelas demandas do dia a dia e descaracterizada por gestões menos comprometidas com ela, não raro tem-se uma crise interna, com reflexo no desempenho do negócio e na percepção da marca.

Em 2013, fui chamado a avaliar a imagem da rede de clínicas de estética Onodera, que planejava uma grande expansão, ampliando a rede de franqueados, mas se preocupava em preservar a cultura empresarial. A inquietação era válida: abrir novas lojas, como sabemos, é relativamente simples. Complexo é conseguir que todos compartilhem os mesmos valores e ideais, do sorriso com que cada cliente é recebido à execução dos serviços.

A rede, especializada em tratamentos estéticos, nasceu em 1981, de uma ideia despretensiosa: utilizar – e rentabilizar – o espaço onde funcionava a escola de judô de Ikuo Onodera, marido da fundadora da rede, Edna Onodera. O negócio de Edna progrediu depressa, mas, na aplicação de nosso conceito à empresa, logo compreendemos que, antes de partir para a conquista de novos franqueados, seria necessário revisitar o modelo de negócio, os canais de venda e a estratégia de comunicação para reconquistar a confiança dos que já haviam adquirido a franquia e estavam descontentes com a gestão.

Era da gestão, aliás, que partia boa parte dos problemas que a empresa vinha enfrentando, como a perda de clientes e, consequentemente, a queda nos resultados, assim como a alta rotatividade de funcionários (*ver capítulo 11*).

Logo no início do trabalho, reunimos cerca de 60 franqueados em um hotel na capital paulista para realizar um estudo com o objetivo de diagnosticar os pontos altos e baixos da relação. Era forte o sentimento de insatisfação e muitos falavam abertamente em abrir mão da franquia. Havia uma crise de autoestima, e logo concluímos que, antes de qualquer trabalho de marca, seria necessário desenvolver um planejamento estratégico e dar à Onodera uma direção, comunicando esse caminho com muita clareza a seus públicos.

Para alcançar esse objetivo, foi essencial elencar os princípios que sustentariam o novo momento da empresa, presentes há anos mas desbotados graças ao crescimento desordenado, a falhas de gestão e a uma comunicação desencontrada.

PRINCÍPIOS

1. FOCO NA CLIENTE
Compreender as necessidades e o comportamento de cada mulher

2. RENOVAÇÃO
Busca constante de novidades a partir do entendimento das clientes e de suas demandas

3. IMAGINAÇÃO
Incentivar ideias, ouvir sugestões e permitir a participação da equipe com tolerância aos erros

4. CREDIBILIDADE
Utilização de equipamentos e produtos testados e homologados

5. CONHECIMENTO
Centro de pesquisa e desenvolvimento para futuros lançamentos de produtos e serviços

6. HUMANISMO
Incentivo ao desenvolvimento e crescimento humano profissional e pessoal

7. MERITOCRACIA
Resultados mensuráveis e lucro sustentável

8. AMBIÇÃO
Todos podem ser donos de uma ONODERA

9. INCONFORMISMO
Pesquisa de satisfação para aperfeiçoamento de todas as práticas do negócio

10. DIRECIONAMENTO
Todos trabalhamos para atingir os mesmos objetivos. Só existe uma ONODERA

A fim de restaurar a confiança dos franqueados, recomendamos várias medidas, como troca de executivos (intervindo no pilar da gestão), reavaliação da comunicação interna (abordando o pilar do marketing) e, por último, o redesenho da marca (trabalhando o pilar do design). Estratégia e gestão caminharam juntas para buscar os resultados desejados. "Chamamos os franqueados para participar das discussões em grupos temáticos sobre operações, inovação e outras mudanças e melhorias que pudessem fazer o modelo funcionar melhor", explica Lucy Onodera, sócia-diretora da rede.

Foram dois anos de trabalho intensivo. A empresa ganhou um voto de confiança dos franqueados e sobrevida para solucionar questões internas que vinham atravancando seu crescimento. Nada teria sido possível, porém, sem revisitar sua vocação em encontros emocionantes com a fundadora, a própria Edna Onodera. Nesse processo veio à tona a crença de Edna de que a beleza é uma aspiração em todas as fases da mulher, capaz de impulsionar a autoestima e abrir caminho para uma vida mais plena.

Essa vocação exposta e pactuada entre franqueadora e franqueados contribuiu para a revitalização do negócio. Em 2019, a Onodera tinha retomado o caminho do crescimento, com mais de 60 clínicas espalhadas por 10 estados brasileiros, entre lojas próprias e franqueados.

A EXPERIÊNCIA DO CLIENTE

Edna Onodera, fundadora da rede Onodera

"Quando tivemos nosso primeiro contato com o conceito ABOVE ALL©, minha empresa passava por um momento difícil. O negócio havia crescido muito e planejávamos crescer ainda mais, porém alguma coisa estava errada. A rede estava um pouco desorganizada, o relacionamento com os franqueados era tenso e nossos funcionários andavam desanimados. Tinham perdido o encantamento pela marca.

Eu também me sentia entristecida, sem saber onde tinha ido parar o entusiasmo dos primeiros tempos, quando comecei meu pequeno negócio e despertava motivada e feliz todos os dias. Sabíamos que era importante cuidar da estratégia, mas, com a ajuda de novas ferramentas, ficou claro que, se quiséssemos ir adiante e revitalizar a marca, tínhamos que resgatar a vocação da Onodera.

Foram muitas reuniões, em que eu voltei praticamente ao útero do negócio. O trabalho da consultoria me fez relembrar por que criei a Onodera: porque queria devolver a autoestima às mulheres. Queria que se sentissem belas e confiantes para buscar seus objetivos de vida, fossem quais fossem.

Foram horas e horas de entrevistas profundamente emocionais até 'tirar o pó' da nossa vocação meio esquecida e fazer com que brilhasse novamente. Esse resgate foi fundamental para nortear todas as mudanças que vieram na sequência. Nossa equipe voltou a ser vibrante, motivada pelo novo visual da marca, pela comunicação interna, pelo relacionamento com os franqueados. O trabalho com a consultoria fez com que eu voltasse a valorizar a nossa história, e isso fez toda a diferença no nosso resultado."

VOCAÇÃO

Acreditamos que a beleza é uma aspiração de todas as mulheres em todas as fases da vida e é capaz de impulsionar sua autoestima.

A ONODERA nasceu e existe para que cada mulher se torne ainda mais bela.

—

A vocação não pode prescindir de um plano estratégico estruturado, capaz de nortear o futuro da empresa. Não me refiro aos próximos anos, e sim às próximas décadas, ou seja, ao planejamento capaz de perenizar a organização. Esse planejamento estratégico deve atuar nos três pilares que compõem nossa metodologia:

- Gestão empresarial, com cultura, valores, princípios, estruturas e macroprocessos;
- Ações de comunicação e de relacionamento que envolvem a área de marketing;
- Criação de uma identidade de marca, com signos e elementos de design que permitirão identificar essa empresa de maneira visual, verbal e, cada vez mais, sensorial.

Quando esses três pilares estão organizados e em operação, a empresa supera as expectativas de seus clientes e torna-se única.

A EXPERIÊNCIA COMO EFEITO DA ESTRATÉGIA

Por que é tão importante preparar uma estratégia que abra espaço para a criação de um modelo empresarial único?

Porque a estratégia empresarial reverbera para a experiência de marca de maneira inequívoca. Estratégia e experiência situam-se nos dois extremos do percurso de construção de um negócio e guardam uma vinculação profunda. Decisões de estratégia se refletirão inevitavelmente no contato do consumidor com a marca, a empresa ou o serviço e contribuirão (de modo positivo ou não) para delinear a percepção da marca, impregnando o branding. Por isso, é essencial que a estratégia seja definida com clareza e compatibilidade com o negócio.

Se a estratégia é o princípio de uma organização estruturada para se perpetuar, a experiência é o ponto final. A hora da verdade. Aquele momento em que uma empresa – criada a partir de uma vocação e impulsionada por um planejamento estratégico que deu origem a um plano de negócios – encontra sua razão de ser: o cliente.

No princípio, uma empresa é apenas uma ideia. Aos poucos, estrutura-se um conceito, nasce um nome, planeja-se uma forma de apresentar produtos ou serviços ao mercado. Chega o momento em que esse produto ou serviço é ofertado, desperta interesse e é adquirido. Todas essas ações derivam de uma estratégia empresarial, estruturada ou não. Ao longo dessa trajetória, ocorrem numerosas interações que resultam em uma experiência.

Essa experiência, por sua vez, é determinante para que o ciclo se repita e o produto ou serviço se transforme em sucesso. O cliente torna-se leal à marca. Acontece o que chamamos de ciclo da lealdade. O ápice do vínculo ocorre quando um cliente/consumidor se transforma no que chamamos de advogado da marca – ele não apenas é leal, mas se torna guardião da marca, defensor de sua reputação e de sua imagem no seu círculo de relacionamentos. Por vezes, até mesmo fora dele. É possível encontrar exemplos de pessoas que se manifestam em comentários de outras nas mídias sociais em defesa de empresas, produtos e serviços.

No entanto, nem toda estratégia tem estofo para resultar em lealdade e muito menos para produzir advogados da marca. Para que isso ocorra, é essencial que a entrega esteja perfeitamente alinhada com a expectativa. Quando uma empresa, com sua marca, produto ou serviço, se lança no mercado, inevitavelmente gera uma expectativa. Quando essa expectativa não se cumpre, advém a frustração, o que produz uma experiência que pode variar de ruim a horrorosa. Já se houver alinhamento entre expectativa e entrega, essa combinação resultará, no mínimo, em uma boa experiência. Quanto melhor a entrega, melhor a experiência. Porém, se além de superar as expectativas essa entrega for inigualável, nascerá uma experiência única.

A estratégia capaz de produzir essa experiência única precisa ser profundamente madura. Deve considerar os movimentos do mercado, o comportamento dos consumidores (aqui entendido como o que o consumidor de fato faz, e não o que fala que fará), as ofertas da concorrência, o que os competidores não podem copiar – o que só aquela marca pode fazer de único. Todas essas situações são reflexo do que se está praticando no dia a dia do negócio. É de entregas que se trata, não de promessas – daí uma das máximas do ABOVE ALL© ser fazer sua marca cumprir o que fala, *walk the brand you talk.*

De nada adianta investir milhões em comunicação e em relacionamento se a experiência for ruim. Uma experiência de marca pressupõe empresa, produto, pessoa, interação e consumo, envolva ela uma manicure autônoma ou uma corporação com centenas de milhares de funcionários.

Poucas organizações fazem sua marca cumprir o que fala. Mas essa é uma meta que pode, sim, ser alcançada. Um passo indispensável para as que aspiram a chegar lá é investir esforços no binômio formado por conhecimento e inovação.

PARTE II

Conhecimento e inovação: o binômio autorrenovável

5
Conhecimento é matéria-prima para inovação

Entrevistar executivos e colaboradores de todos os níveis hierárquicos é uma parte importante do dia a dia de uma consultoria de planejamento estratégico e algo que faço em absolutamente todos os meus projetos. No processo de conhecer uma organização, compreender como opera e onde estão seus pontos fortes e frágeis, essas entrevistas têm papel imperioso. Entre todas as perguntas do meu roteiro, há uma que produz um efeito desconcertante: Qual é a estratégia da sua empresa?

O que considero óbvio muitas vezes parece não existir, tanto que ouço respostas proferidas no mais completo improviso. Proponho então aos meus entrevistados que se coloquem no lugar do presidente da empresa e tomem três decisões que considerem vitais para o futuro do negócio. Peço que levem o tempo necessário para refletir. O ambiente empresarial hipotético que lhes apresento é totalmente favorável. Não há barreiras ou limitações (além da própria capacidade de conjecturar): eles têm legitimidade e autonomia irrestrita para tomar as decisões. A organização, supostamente, está em um bom momento, e o presidente dispõe de recursos financeiros ilimitados. Também há abundância de recursos, como pessoas, tecnologia e ativos. Nesse cenário, quais seriam as três decisões?

A maioria dos entrevistados, às vezes até mesmo os próprios presidentes, reage com uma paralisia angustiante. Insisto: "Pense nas três grandes decisões que você sempre quis tomar. Pense em para onde quer conduzir a empresa nos próximos anos." Descubro que minhas sugestões não ajudam; pelo contrário, aumentam o sentimento de pânico, ainda que a situação toda seja imaginária. Não raro – pasmem – alguns dizem que contratariam um presidente para tomar as decisões.

O que falta a esses executivos? Minha experiência mostra que, em geral, estão distantes do front e carecem de conhecimento sobre o próprio segmento, o mercado, a concorrência e o cliente. Quando se deixa para trás a superficialidade e se tenta um mergulho mais profundo no coração do negócio, muitos não dispõem de informação precisa, atualizada e pertinente para decidir. Encaminham-se, então, para decisões perigosas ou claramente equivocadas. Muitas com o olhar para o espelho retrovisor, isto é, para o passado. Está aberta a porta para a intuição descolada do julgamento.

Muitos executivos e empresários acreditam que fazer planejamento estratégico é ter ideias e tentar adivinhar o que vai acontecer. "Eu acho" é o mote de reuniões infrutíferas, capitaneadas por profissionais incapazes de fazer um planejamento estratégico consistente e desconectados das tendências de seu tempo. Certa vez, minha consultoria realizou uma reunião de prospecção em uma empresa de um dos maiores grupos brasileiros. A proposta era que eu fizesse uma palestra para acionistas e diretores explicando como trabalhamos. Impossível cumprir essa missão sem falar da importância do planejamento estratégico, fator determinante da perpetuidade e do sucesso em qualquer corporação. Ao final, um dos diretores disse:

– Ok, mas não precisaremos do seu planejamento estratégico porque no próximo fim de semana a cúpula da empresa viajará para um hotel e faremos isso lá.

– Imagino então que já fizeram todas as avaliações, pesquisas de mercado, a análise da concorrência. Estão há meses compilando conhecimento para esse momento tão importante, certo? – perguntei.

O silêncio com que minha pergunta foi recebida disse tudo. Aqueles executivos ainda não tinham percebido que é impossível fazer um planejamento estratégico sem um entendimento amplo do mercado e das múltiplas interações entre a empresa e seus públicos. Faltava-lhes a compreensão de que julgamento é diferente de intuição (embora possa apoiar-se nela, de maneira complementar) e mais diferente ainda de "achismo". Foi o julgamento, e não o chute ou a intuição, que permitiu a um gigante como a americana IBM decidir, há cerca de duas décadas, que deixaria de ser uma empresa de hardware e se tornaria uma organização focada em serviços de inteligência, tendo como meta criar um sistema de inteligência artificial. Nos anos 2010, essa meta materializou-se no Watson, o computador que derrotou adversários humanos em um programa de TV de perguntas e respostas.

Essa decisão nada teve de intuitiva. A empresa compreendeu antes de seus concorrentes que, em tempos globalizados e interconectados, produzir computadores se tornaria uma atividade banal. Investiu, então, em tecnologias mais sofisticadas e difíceis de reproduzir. Para isso, lançou mão de pesquisa, acumulou conhecimento sobre o mercado e as tendências, fez um planejamento estratégico e alinhou todos os seus segmentos a ele.

A guinada da IBM não foi um "Eu acho". Foi um "Eu acredito", que segue dando frutos. Em 2018, segundo o relatório anual da empresa, mais de 20 mil organizações em 20 segmentos já contavam com a inteligência do Watson e 47 das 50 companhias mais bem posicionadas para crescer, segundo a revista *Fortune*, utilizavam a nuvem da IBM.

Esse "Eu acredito" só é possível quando uma organização alia sua capacidade de julgamento a uma extensa aquisição de conhecimento. Ao forjar essa aliança, ela ganha fôlego para investir nas inovações necessárias para sua sobrevivência. Uma vez que as tenha colocado em prática, será preciso novamente produzir conhecimento sobre os resultados decorrentes dessas mudanças, o que dará origem a novas ondas de inovação. É por isso que considero o binômio conhecimento-inovação autorrenovável.

CONHECIMENTO SEM OBJETIVO É INÓCUO

Vivemos na era da abundância de dados e informações. São tantas as maneiras de produzir conhecimento que, quando temos diante de nós um volume caudaloso de informações, não raro somos tomados por uma agradável sensação de saciedade. Como se a simples obtenção de conhecimento fosse a garantia de problema resolvido. Também se multiplicou nos últimos anos o número de canais de informação e de maneiras de acesso, aumentando essa sensação. Considero essa situação bastante perigosa; traiçoeira, até. Quando não se tem um objetivo ou não se faz um julgamento, esse calhamaço de dados coletados de nada serve. Apenas colabora para manter a empresa patinando em uma situação que nem sempre é a mais favorável.

Estivemos em dezenas de companhias que, ano após ano, produzem montanhas de relatórios sobre seus problemas cotidianos e questões estratégicas. Os mesmos problemas e questões que, no entanto, permanecem sem solução.

Apenas saber não basta. É preciso *saber o que fazer com o que se sabe.*

Para a seguradora HDI, era importante conhecer em profundidade o perfil de seus clientes: os segurados e os corretores que vendiam seus produtos. Só assim seria possível definir com clareza seu público-alvo, criar uma comunicação eficaz e estabelecer relacionamentos sólidos e produtivos. Do mesmo modo, era importante mapear os não clientes: aqueles que não compravam seguros HDI porque adquiriam os da concorrência, os que desconheciam a marca e mesmo aqueles que a seguradora não desejava como clientes por seu comportamento displicente com os carros.

Para mapear os segurados, a companhia encomendou, em 2012, uma extensa pesquisa definindo perfis. Com esse conhecimento, foi possível criar recomendações, como desenvolver programas de relacionamento com determinado público que valia a pena cultivar ou, diferentemente, não dedicar recursos para converter um perfil de segurado que não tinha interesse pelo produto ou pelo serviço. Veja a descrição desses públicos no quadro a seguir.

Segurados e Não Segurados | COPERNICUS 2012

CLIENTES	NÃO CLIENTES		
	Compram dos concorrentes	Desconhecem o produto	Não queremos como clientes
ESTRATEGISTAS *33% da população* *ROI = 173* • 18 até 39 anos • Conhecedores do tema "automóveis" • Pouco ligados ao carro e seus acessórios • Não devem representar mais um custo • Não diferenciam as seguradoras • Não se envolvem *ENTUSIASMADOS* *20% da população* *ROI = 96* • 40 até 69 anos • Mais instruídos, mais favorecidos em renda e os que mais possuem outros tipos de seguro além do seguro-auto • Ligados em carros • São os mais fiéis à seguradora e ao corretor	*ESTRATEGISTAS* *33% da população* *ENTUSIASMADOS* *20% da população* *PRÁTICOS* *27% da população*	*PRÁTICOS* *27% da população* *ROI = 60* • 30 até 49 anos • Em sua maioria, da classe B • Pensam que pagam o seguro para não usar • Cerne da escolha da seguradora é a recomendação de amigos e parentes, embora a decisão final se dê em função do preço cobrado • Medo de perder dinheiro • São os que mais mudaram de seguradora e os que menos se sentem presos a ela	*NEGLIGENTES* *21% da população* *ROI = 38* • Até 39 anos • Menos instruídos que os demais • Carros ligeiramente mais antigos • Pouco cuidadosos, são displicentes assumidos quando o assunto é carro • Entendem seguro como uma obrigação • Mal sabem o nome do corretor

Fiel à sua determinação de produzir conhecimento de maneira contínua, em 2016 a HDI contratou outra empresa especializada para expandir e renovar as informações sobre seu público, movimento que resultou na estratificação de quatro perfis de corretores com diferentes características. A definição desses perfis permitiu desenvolver táticas específicas para fidelizá-los – ou não. Cabia à empresa decidir, por exemplo, se deveria investir tempo, dinheiro e energia para conquistar corretores que viviam em busca de preços mais competitivos e dos maiores descontos, desinteressados em cultivar uma relação próxima com uma ou outra seguradora – já que pareciam dispostos a mudar de empresa por diferenças mínimas de valores de comissão. Ao mesmo tempo, ao identificar perfis de profissionais mais experientes, as pesquisas abriam terreno para a recomendação de ações de aproximação e de estímulo à lealdade – incluindo certo grau de liberdade para conduzirem as vendas da maneira que achassem melhor, reconhecendo assim sua expertise. A segmentação desses profissionais, de extrema importância para o êxito da seguradora, permitiu uma comunicação mais eficaz e maior conversão de vendas. Os perfis identificados pelo estudo constam do quadro a seguir.

Corretores e Não Corretores | VOCCATUS 2016

CORRETORES	*NÃO CORRETORES*		
	Compram dos concorrentes	*Desconhecem o produto*	*Não queremos como corretor*
O PATRIARCA *33% da população* • Promove relações de longo prazo com seus clientes e trabalha para seus interesses, oferecendo apenas seguros que conhece em profundidade • A estratégia de vendas é adaptada para o cliente individual. Sua expertise é o seu direcionamento por vendas • Está no mercado há mais tempo e vende seguros por convicção, não por descontos ou focado em preço *O PRAGMÁTICO* *28% da população* • Vasto conhecimento sobre as seguradoras e está à disposição para trabalhar com várias delas • Muito confiante em seu entendimento do mercado e usa uma abordagem de vendas padrão mas que sabe que é funcional • Não é focado em descontos, mas em um processo fluido e eficiente de otimizar a venda de seguros	*O PATRIARCA* *33% da população* *O PRAGMÁTICO* *28% da população* *O NOVATO* *16% da população*	*O NOVATO* *16% da população* • Disposto a trabalhar com uma vasta quantidade de clientes • Não tem uma abordagem consistente de vendas e sente-se inseguro na hora de fechar novos contratos • Novo no mercado de seguros, não é movido a comissão	*O SITUACIONISTA* *23% da população* • Vendedor ambicioso à procura de novos clientes e comissões atrativas • Mira em um tipo específico de cliente (sensível a preço) • Sente muita pressão, então parte logo para a prospecção do próximo cliente • Se apoia fortemente em preço e desconto para fechar contratos rapidamente

Cabe pontuar que o Big Data, o grande conjunto de dados armazenados, de maneira estruturada ou não, sempre esteve disponível a quem se dispusesse a buscá-lo. O que mudou foi o surgimento de métricas, métodos e sistemas para gerenciar essa gigantesca base e pinçar dela apenas o que interessa para cada negócio. No entanto, mesmo nesse caso o conhecimento capturado de nada servirá se não tiver um objetivo, um propósito, e se a ele não for aplicado um julgamento. É possível preparar questionários com dezenas de perguntas ao cliente ou a qualquer outro público e descobrir um mundo de inutilidades. É por isso que qualquer estudo deve sempre vir acompanhado da pergunta-chave: O que fazer com a informação que teremos? Mudará algo no modelo de negócio, na empresa, na percepção da marca? No mínimo, contribuirá para o alcance de outra informação? Se sim, é válido.

É preciso utilizar o conhecimento como matéria-prima para inovar. Ele traz consigo a possibilidade de gerar revelações capazes de alavancar negócios, de mudar a maneira como uma empresa se relaciona com seu público e realiza sua entrega. É por isso que, no conceito ABOVE ALL©, o conhecimento alimenta um circuito ininterrupto e infinito: ele produz inovação, que gera a necessidade de coletar mais informação, o que por sua vez pode gerar um novo ciclo de inovação. Porém, para que isso se instaure, é preciso que haja um objetivo. Sem um propósito, e sem que dele resultem ações práticas, o conhecimento é inócuo.

LATAM: APRENDENDO COM A EXPERIÊNCIA DOS OUTROS

Em 2013, minha consultoria recebeu do então vice-presidente de marketing e atual CEO da Latam, Jerome Cadier, uma missão de garimpo de conhecimentos com um propósito claríssimo. No ano anterior, as companhias aéreas LAN, de origem chilena, e TAM, brasileira, haviam finalmente completado o processo de fusão que se iniciara em 2010. A nova empresa, Latam, já nascia com valor de bolsa superior a 12,5 bilhões de dólares, frota de mais de três centenas de aeronaves e previsão de chegar a 16 bilhões de dólares de receita em 2014. Porém as duas companhias seguiam operando independentemente enquanto o comando estudava a melhor maneira de trabalhar duas marcas tão fortes.

Nossa tarefa seria analisar como tinham se dado outras grandes fusões, com seus erros e acertos, para, a partir daí, construir um guia de boas práticas que pudesse orientar as decisões da companhia recém-constituída. Para elaborar o guia, 15 casos de fusão ocorridos em vários países do mundo foram estudados em profundidade, entre eles o dos bancos brasileiros Itaú e Unibanco, o das também brasileiras Sadia e Perdigão, dando origem à BRF, e o das companhias American Airlines e US Airways. O que essas empresas tinham feito de melhor? Como haviam integrado culturas diferentes e gerado (ou não) bons resultados nos anos seguintes à negociação? Dentre todas essas iniciativas, quais poderiam inspirar ações semelhantes por parte da Latam? Entrevistas com 12 executivos relacionados às fusões das companhias brasileiras e americanas revelaram bastidores, iniciativas bem-sucedidas e outras que se mostraram inúteis ou simplesmente ineficazes.

Analisamos oito frentes de atuação direcionadas aos públicos interno e externo. Dessa observação extraímos as melhores práticas em cinco áreas e, a partir de nossas pesquisas, fizemos as seguintes recomendações à nova companhia:

- ***Comunicação externa:*** resgate do passado e das origens das duas empresas, como forma de se (re)conectar com seus clientes por meio de elementos que haviam construído a reputação, a imagem e a percepção das marcas ao longo do tempo. Em outros cases, essa conduta havia gerado empatia e reforçado o vínculo emocional.
- ***Comunicação interna:*** participação dos líderes como porta-vozes das mensagens estratégicas e relacionadas à gestão e à cultura organizacional. Nas situações pesquisadas, isso demonstrou o envolvimento da liderança, legitimou as mensagens transmitidas pelos demais níveis hierárquicos e minimizou a insegurança das equipes.
- ***Clientes e não clientes:*** escolha de benefícios que cumpram o papel de *quick wins*, ou seja, pequenas vitórias e iniciativas rápidas, fáceis e relativamente baratas que atenuam a frustração enquanto as grandes mudanças não vêm. Empresas em fase de fusão que se preocuparam com esse ponto obtiveram bons resultados.
- ***Identidade de marca:*** consulta a pessoas com diferentes níveis de contato com a marca, sejam clientes das empresas que se uniram, se-

jam da concorrência ou quaisquer outros públicos de interesse. Isso contribui para formar uma percepção ampla da marca, o que é relevante tanto para sua identidade quanto para a tomada de decisões de comunicação em geral e de relacionamento.

- ***Gestão e cultura organizacional:*** ainda que a alta gestão seja a responsável por decidir qual será a cultura da nova empresa, ficou evidente a importância de preparar todas as lideranças para exercer o papel de multiplicadoras e zeladoras dos valores da empresa.

O levantamento, exaustivo, permitiu delinear como seria um case perfeito de fusão, que foi apresentado à direção da Latam e contribuiu para que a empresa desenhasse o melhor modelo de operações. É o princípio em que acreditamos: o conhecimento deve estar a serviço de um objetivo claro e bem comunicado a todos que trabalharão por ele.

A EXPERIÊNCIA DO CLIENTE

Jerome Cadier, CEO da Latam Airlines Brasil

"Logo que a fusão entre a LAN e a TAM foi consolidada, tornou-se importante para nós entender como outras companhias tinham passado por processos similares, em diferentes cenários. Precisávamos de uma pesquisa profunda de variadas fusões, visões e trabalhos de marca; por que alguns casos tinham dado certo, outros não. A partir daí, buscaríamos orientações sobre o que poderia funcionar para nossa empresa.

Para realizar esse trabalho, contratamos uma consultoria que possuía metodologia própria para a construção desse acervo de conhecimentos. Ao final, tínhamos em mãos um documento sólido, completo, que explicava cada um dos casos levantados e as razões de sucesso, com exemplos dos elementos que aproximam duas culturas e das maneiras de comunicar isso à equipe. Recebemos recomendações bem relevantes que nos ajudaram a perceber a importância de construir a nova marca dentro da companhia, e não apenas fora dela.

À época, eu tinha uma equipe excelente, que acreditava ter acessado todas as principais dimensões da fusão e da construção interna da marca. No entanto, quando recebemos os relatos, percebemos que havia muitos aspectos em que não tínhamos pensado. A grande quantidade de informações levantada pela consultoria que nos atendeu teve um efeito provocativo sobre a equipe, que se sentiu instigada a ir além. Nossas reuniões eram muito ricas. A pesquisa permitiu um mergulho em profundidade nos cases das outras empresas. Foi quase como se, na sala onde nos reuníamos para compartilhar o conteúdo pesquisado, estivessem presentes os executivos entrevistados ou os líderes das transformações consumadas em cada uma daquelas empresas.

Quando captado com qualidade e profundidade, o conhecimento nos faz repensar o que temos em mente para tomar decisões. O mundo do branding sempre teve muito 'achismo', muito avanço empírico. As informações a que tivemos acesso por meio desse trabalho não tinham nada de 'Eu acho que'. Eram fatos, abordagens complexas de problemas, inspiração. Não havia estrelismos; havia metodologia."

6
A inovação é inevitável

Por que conhecimento e inovação estão ligados? Porque há uma relação de continuidade entre eles. Quanto mais informações recebemos sobre qualquer assunto, mais condições temos de propor soluções inovadoras. Quando alguém compartilha um problema conosco, é natural que ofereçamos saídas. E, se o caminho conhecido já foi trilhado sem sucesso, é preciso pensar de maneira inovadora.

O mundo das organizações está repleto de reinvenções espetaculares que tiveram como base a inovação. Desde 2014 à frente da Microsoft, o executivo Satya Nadella, indiano radicado nos Estados Unidos, conseguiu não apenas zerar a distância que a separava das quatro grandes empresas estelares do nosso tempo – Apple, Facebook, Amazon e Google – como ainda alterna com elas a posição de empresa mais valiosa do mundo. A receita? Buscar inovação em tecnologia digital, afastando-se dos produtos que impulsionaram a Microsoft no passado – notadamente, o sistema Windows e o pacote Office – e vinculando seu futuro à computação em nuvem. Da mesma forma que, nos anos 1980, Jack Welch imprimiu à GE uma gestão verdadeiramente inovadora, transformando-a em uma organização global.

Todos temos potencial para a inovação, ainda que nossa capacidade esbarre no conjunto de ferramentas de que dispomos para produzi-la. Não adiantaria, por exemplo, reunir em uma sala quatro pessoas quaisquer, expor os dilemas mundiais da GE nos anos 1980 ou as dificuldades da Microsoft quando a Apple causou uma ruptura no mercado de computadores pessoais com o iPhone e esperar que elas se saíssem com soluções tão geniais quanto as de Welch e Nadella. Por outro lado, cada pequena inovação que é implantada vem do conhecimento adquirido por quem a propôs e da consciência do impacto que ela poderá provocar.

Uma anedota do mundo empresarial exemplifica bem a característica inovadora que mora dentro de todos nós. Era uma vez uma linha de montagem pela qual passavam caixas que deveriam estar preenchidas com produtos. Ocorre que, por uma falha no processo anterior, chegavam a essa linha algumas caixas vazias. A falha não era detectada na fábrica, porém, adiante, acarretava muita dor de cabeça para o setor de logística. Até que um operário resolveu a questão de maneira muito simples: posicionou um dos ventiladores da empresa diante da linha de produção. Sempre que uma caixa estava vazia, ela caía da esteira. Problema resolvido.

Dentro de uma organização, cada pessoa é um polo de conhecimento. Cada funcionário ou colaborador tem o próprio "sistema operacional", no qual armazena experiências que vivenciou naquela e em outras empresas. É um conhecimento individual, diverso e que se soma aos dos outros, produzindo um repertório quase inesgotável de informações sobre os pontos fortes e fracos da companhia. Gerado de maneira autônoma, não pode ser criado com planejamento, contratado nem comprado por meio de pesquisas de mercado. Porém, mesmo de modo desestruturado ele está sendo produzido continuamente. Cada ação, cada acontecimento, cada interação entre pessoas e entidades, cada processo que se instaura resulta em algum tipo de conhecimento, que, por sua vez, aumenta a capacidade de criar soluções e abrir novas perspectivas.

Além desse conhecimento desestruturado, rico mas disperso, há outro que algumas empresas se organizam para produzir de maneira sistemática. Elas realizam pesquisas de mercado para sondar os consumidores, avaliar as vendas, a rotatividade de colaboradores, o faturamento e a rentabilidade dos últimos anos, o crescimento, os novos negócios e outros indicadores. Nossa metodologia acolhe com entusiasmo esses levantamentos porque considera que são primordiais para a tomada de decisões.

O ABOVE ALL© também recomenda que todo planejamento estratégico se estruture sobre uma coleta generosa de conhecimento além da pesquisa tradicional.

No front externo, algumas ferramentas valiosas são a experimentação intensa e profunda da marca, que ocorre por meio de visitas a campo – o que inclui fábricas, lojas, escritórios, clientes. No front doméstico das organizações, trabalhamos com o que chamamos de estudo exploratório interno como parte do diagnóstico empresarial. Esse estudo consiste em extensas entrevistas realizadas com toda a equipe, do faxineiro ao CEO, que resultam em um cenário que raramente coincide com os tradicionais estudos de clima - aqueles que todo colaborador responde porque recebe ordens para isso mas, com receio de ser identificado se for ácido ou apenas honesto em seus comentários, prefere preencher de forma neutra ou, pior, enfileirando inverdades.

Somando-se as informações de fora e as de dentro da organização, é possível ter novas ideias e formular cenários, entendendo o que foi exitoso e o que não foi, por que deu certo (ou não), o que move as equipes internas em seu dia a dia, o que mudou no comportamento do cliente que pode ter levado a um resultado melhor ou pior e muitas outras revelações. O resultado de todos esses estudos, naturalmente, deve retornar à empresa, pois, como diz um velho provérbio chinês, "se alguém descobriu a água, não foi o peixe".

O DIAGNÓSTICO EMPRESARIAL: NO QUARTO DO BARBA AZUL

Quando uma pessoa adoece, ela procura um médico em busca de um diagnóstico e de terapias e medicamentos para se curar. O médico pedirá exames e então os avaliará para chegar ao diagnóstico e sugerir o tratamento. Analogamente, o diagnóstico empresarial recomendado pelo ABOVE ALL© tem como objetivo entender os problemas e sintomas da empresa, bem como seus efeitos no dia a dia do negócio. Para chegarmos ao que chamamos de *verdade* de cada empresa, buscamos ouvir o maior número possível de pessoas, de todas as áreas, da maneira mais sigilosa e segura (para os colaboradores) possível.

Nas reuniões de diagnóstico, nossas equipes entram nas salas munidas apenas de papel e caneta, um roteiro de perguntas cirurgicamente elaboradas e a disposição para ouvir. As conversas não são gravadas nem filmadas. Só se identificam os colaboradores que assim o desejarem e oferecemos todas as garantias de confidencialidade. É dessa maneira que conseguimos entrar no quarto do Barba Azul de cada empresa e explorá-lo.

Barba Azul é o protagonista de um conto popular escrito no século XVII pelo francês Charles Perrault. O aristocrata feio, rico e poderoso, conhecido pela cor peculiar de sua barba, teve várias esposas que desapareceram misteriosamente. A certa altura, casou-se com uma bela jovem e, de partida para uma viagem, entregou-lhe o molho de chaves do castelo, alertando-a de que podia explorar os cômodos que quisesse, exceto um pequeno quarto. É claro que a jovem não resistiu à curiosidade, e, ao entrar no cômodo proibido, encontrou o chão manchado de sangue e as ossadas de todas as antecessoras. Na volta, o marido percebeu a desobediência e tentou matá-la, mas ela foi salva por seus irmãos.

Toda empresa tem um quarto do Barba Azul, aquele aposento proibido onde estão guardados os segredos e as verdades mais inconfessáveis: metas que todos sabem que são cosméticas, pequenas crueldades cotidianas com funcionários, gestores despreparados e prepotentes, decisões em prol da empresa postergadas para assegurar benefícios individuais como premiações e bônus. Explorando esse quarto, é possível descobrir se as pessoas que trabalham nela estão felizes, se o ambiente é harmonioso, se existe comprometimento com resultados. E, acima de tudo, se há confiança mútua.

O diagnóstico empresarial é, portanto, muito mais do que um número. O número, na realidade, é apenas a consequência tangível das verdades que tantas empresas mantêm trancafiadas em quartos proibidos. Não acredito que seja possível tomar decisões estratégicas acertadas olhando apenas planilhas e relatórios financeiros, determinando cortes de pessoal e fechamento de unidades. É preciso realizar um mergulho profundo no dia a dia da organização para então compreender sua dinâmica e levantar as questões relacionadas à cultura, aos valores e princípios práticos – o que acontece de verdade, e não o que está escrito nas paredes.

Como em qualquer investigação desse porte, é natural que alguns queiram sabotar a pesquisa. No entanto, em função do volume de entrevistas que recomendamos realizar, essas vozes dissonantes não conseguem sustentar seu discurso. Acreditamos que, dependendo do porte da empresa, entre 60 e 300 entrevistas entreguem o resultado desejado. Ao ouvir os funcionários, é preciso estar atento ao sentimento, à propriedade e à consistência das colocações. Na aferição do diagnóstico empresarial, é importante também contemplar amostras dos diversos setores da organização. Dentro de cada setor, sugerimos mesclar funcionários com pouco tempo de casa e veteranos. Visões diversas agregam riqueza.

A chave do quarto do Barba Azul é o método. Sem a técnica adequada, corre-se o risco de realizar 200 entrevistas e ouvir apenas obviedades ou superficialidades. O autodiagnóstico que propus no início desta obra orienta nosso questionário-base para o estudo exploratório interno. Esse estudo é um bom guia para fazer as perguntas certas e obter respostas significativas que permitam montar o quebra-cabeça do diagnóstico empresarial. É possível entrar no quarto do Barba Azul, mas há que pedir licença – e essa licença, quem concede é a metodologia. O que se tem, quando se usa a chave certa, é uma reunião que começa reticente e, uma hora depois, transforma-se em uma explosão de comentários, opiniões e sentimentos.

Como primeiro passo para a implementação autônoma do ABOVE ALL© em uma empresa, recomendo a aplicação de um autodiagnóstico semelhante ao das páginas 22 a 29. Levo questionários parecidos a todas as companhias com que trabalho. Eles podem ser profundamente reveladores das diferenças e dos desníveis entre crenças que se acreditava consolidadas. É muito comum que, de dez pessoas envolvidas em um projeto, cinco digam, por exemplo, que a companhia estimula um ambiente altamente inovador, enquanto as demais afirmam que não há qualquer abertura para propor nada novo. Essas dissonâncias revelam as divergências internas, as quais, por sua vez, mostram quanto as empresas são formadas por gestores trabalhando em caixinhas isoladas, sem contato com as demais áreas: o gestor do marketing não conversa com o da comunicação; o responsável pelo RH não fala com o financeiro. A chance de isso produzir resultados excelentes é remota.

O questionário oferece indícios fortes que permitirão uma apreciação do movimento das placas tectônicas dentro da empresa. O que se delineia a partir dele é um retrato de como a organização se enxerga, das dificuldades que enfrenta e das origens dos problemas.

Imaginemos, por exemplo, uma empresa que está perdendo mercado. O problema não estará necessariamente na área comercial – pode ser um gargalo na logística que esteja atrasando entregas e acarretando falta de produto. É esse tipo de suspeita, distante do óbvio, que costuma vir à tona quando a organização se volta de maneira atenta e dedicada à avaliação de seus pontos fracos e fortes.

Lembro que o questionário é a primeira fonte de informação sobre o que está acontecendo com a empresa, mas não é suficiente. Será preciso também avaliar a concorrência, desvendar o consumidor, conduzir entrevistas com outros colaboradores. Uma vez consolidado todo esse *conhecimento*, será preciso aplicar a ele uma análise de múltiplos fatores combinada à capacidade de *julgamento*, para então começar a produzir *inovação*.

O argumento de que não existe verba para isso pode ser contornado com a utilização de pesquisas on-line, disparadas a partir de plataformas gratuitas ou de baixo custo. Tomemos o exemplo do dono de uma loja de calçados que tem um mailing com 500 clientes que compraram seus sapatos no último ano. Ele pode enviar a esses consumidores, a custo praticamente zero, uma pesquisa com algumas perguntas importantes para direcionar novas ações. Basta que compreenda a importância da produção de conhecimento sobre seu negócio e se empenhe para obtê-lo.

O mundo está caótico, não linear e imprevisível – e esse é o novo nome do jogo. Para participar dele, será preciso habituar-se a um ambiente de absoluta instabilidade, em que não se sabe de onde a inovação virá: de que empresa, de qual segmento, de qual país. Vivemos um momento em que praticamente não existem regras. Houve um tempo em que era possível acreditar que uma empresa grande seria dominante, que a mais capitalizada seria mais bem-sucedida, que o competidor mais antigo no mercado teria mais força na percepção do cliente. Hoje, não mais: todas as regras que conhecíamos até há pouco tempo estão sendo quebradas.

Grandes empresas estão sendo abaladas por startups. O consumidor não quer mais passar a vida fazendo as mesmas atividades nem consumindo os mesmos bens. Ele muda a cada fase, a cada nova tendência ou descoberta tecnológica. Não há mais regras invioláveis. A regra é não ter regra, é a descontinuidade.

Num cenário de incerteza, é preciso usar o conhecimento e a inovação não para pensar linearmente e prever o futuro, mas para definir e desenhar o futuro.

MEDCEL: DA CRISE À NASDAQ

No início de 2015, com a crise brasileira já mostrando os dentes, fui chamado pela Medcel para realizar um amplo estudo exploratório envolvendo a equipe interna e os clientes da empresa, a fim de propor soluções para problemas que vinham se agigantando. Seria o pontapé inicial para o planejamento estratégico.

Fundada dez anos antes, pelo médico Atílio Barbosa, com o objetivo de contribuir para a melhor formação dos médicos do país, a Medcel oferecia um portfólio completo de cursos on-line (por meio de Educação a Distância - EaD) e alguns presenciais preparatórios para a residência. Nos primeiros quatro anos, cresceu a um ritmo anual de 100% e, a partir de então, ampliou seu faturamento ano a ano, sempre na casa dos dois dígitos. Amparando-se na intuição do fundador e de sua esposa, farmacêutica de formação, que compartilhavam a gestão do negócio, a empresa teve uma trajetória fulgurante até que, em 2014, viu seu desempenho financeiro recuar pela primeira vez e o clima mudar, com funcionários inseguros e desmotivados apostando no declínio da empresa.

A situação, de fato, era preocupante. Um amplo estudo de cenário, no entanto, revelou grandes oportunidades para a Medcel. O ensino na área de saúde apresentava baixos índices de qualidade. Avaliações do Ministério da Educação haviam reprovado 27 de um total de 154 cursos. Não era, portanto, de estranhar que 55% dos médicos não obtivessem aprovação na prova do Conselho Regional de Medicina do Estado de São Paulo, o Cremesp.

Havia outro dado relevante. O número de matrículas em EaD não parava de crescer, apesar da crise, tendo aumentado 50% de 2014 a 2015. A interatividade desses cursos era o grande chamariz para um público que quase sempre conciliava jornadas de estudo e trabalho com grande esforço. Sintetizamos nossas conclusões no quadro a seguir.

DEMANDA	X	*OFERTA*
QUEM Alunos da graduação Médicos formados Médicos residentes Médicos especialistas Médicos empreendedores Profissionais da saúde		***O QUÊ*** Curso preparatório para residência médica Atualização Especialização Outros cursos relacionados à área da saúde Recursos de aprendizagem Revalida
POR QUÊ Dificuldade de agenda, flexibilidade Falta de recursos em determinadas regiões Evolução das práticas de medicina Novas tecnologias Comportamento do consumidor		***ONDE*** Todo o Brasil América Latina (Revalida)

Quando nossas pesquisas se debruçaram sobre o modo de operar da Medcel, descobrimos que grande parte dos produtos à venda tinha margens negativas. Com preços abaixo dos de seu principal concorrente, que reinava soberano, a empresa travava incessantes guerras de valor com competidores menores, oferecendo descontos que não condiziam com a excelente qualidade de seu material didático (*ver capítulo 11*).

A qualidade dos produtos Medcel foi um dos destaques do estudo exploratório interno que conduzimos com cerca de 70 dos 110 colaboradores da empresa. De diretores a auxiliares de escritório, todos sorriam ao descrever a objetividade do material (que favorecia o estudo de conteúdos efetivamente relevantes), a tecnologia, a transmissão de aulas ao vivo e o foco total nas necessidades dos clientes.

"Dentro de casa", porém, o clima era delicado. As queixas se estendiam desde a falta de um plano de carreira à mesmice do marketing, passando pela falta de planejamento estratégico e pela inexperiência dos diretores, que, vindos da área médica, davam seu melhor na gestão mas deixavam a desejar. "Eles não ouvem a equipe", irritou-se um colaborador ao ser entrevistado. "Você sugere algo, escuta um não e a única justificativa é: 'Até hoje eu fiz assim e deu certo.'" As reclamações pareciam indicar que a empresa havia crescido de maneira rápida e desorganizada.

A EXPERIÊNCIA DO CLIENTE

Atílio Barbosa, sócio-diretor da Medcel

"Não tínhamos nenhuma familiaridade com o ambiente empresarial. Tínhamos *feeling*, mas nosso conhecimento de gestão era limitado. Achávamos que nossa paixão por educar na área da medicina e da saúde seria suficiente para o sucesso do negócio, e isso foi verdade por um tempo. Nos primeiros anos da Medcel, vivemos um crescimento importante. Por isso ficamos perplexos quando, em 2015, pela primeira vez a empresa não cresceu. Para nossos funcionários, estava claro que precisávamos de ajuda. Eu via a tensão no rosto deles, a pergunta não formulada em voz alta: 'Não cresceu? Por que não cresceu?'

Justamente naquele momento, a Medcel estava em busca de um sócio, pois queríamos que se expandisse, e isso independia da minha presença no comando: eu queria o melhor para o negócio que tinha criado com tanto empenho. A estagnação daquele ano parecia embolar o meio de campo, então decidimos que era importante preparar a empresa também para *não vender*, se fosse o caso.

De um jeito ou de outro, precisávamos de ajuda. Foi então que tivemos contato com o conceito ABOVE ALL©. Um dos méritos da metodologia é a simplicidade. As várias etapas do projeto que contratamos – planos de negócios, de gestão, de marketing e de comunicação – desdobraram-se de forma natural não só para mim, mas para toda a equipe, que se envolveu e entendeu rapidamente que aquela metodologia poderia salvar a empresa.

Ao longo de pouco mais de um ano, não somente equacionamos os problemas graves de posicionamento e preços como dobramos o tamanho da empresa e conquistamos como sócio um dos mais relevantes fundos de investimento na área da educação."

Com as informações do estudo exploratório interno, fiz recomendações decisivas para o desempenho da empresa – e com resultados rápidos, ainda em 2015. Sugeri, entre outros pontos-chave, melhorar o controle e reestruturar a equipe de vendas, ajustando inclusive a política de comissionamento para manter no time apenas aqueles que se sentissem motivados e desempenhassem bem sua função. Defendi a ideia de que o preço de um dos cursos, o mais prestigiado, deveria ser majorado em mais de três vezes o valor praticado à época, afastando-se assim da batalha que vinha devorando margens valiosas frente a competidores de baixa qualidade e relevância e aproximando a oferta Medcel do líder em termos de apreçamento.

Além disso, ao detectar que a Medcel não tinha conhecimento do retorno sobre suas ações de marketing convencional, recomendei redução de investimentos nessa área e foco total no marketing digital, além de uma comunicação mais emocional com o consumidor. Todas essas ações resultaram em uma reversão do quadro que vinha se desenhando. Em 2015, a empresa atingiu seu melhor resultado desde a fundação, com crescimento de quase 50% de EBITDA e faturamento de 29 milhões de reais. Em 2016, associou-se ao fundo de investimento Bozano, atual Crescera. "O planejamento tinha sido muito benfeito", relembrou o executivo Daniel Borghi, sócio do Bozano à época. "Normalmente, quando entramos em uma empresa, precisamos começar do zero. Portanto, foi uma grata surpresa encontrar todo o conhecimento organizado e as recomendações do que seguir. Claramente, tinha havido uma grande pesquisa de campo, um mergulho na empresa e um profundo entendimento da necessidade do cliente."

A Medcel seguiu diversificando seu portfólio de produtos e buscando inovação. Graças a isso, fechou 2016 faturando 55 milhões de reais. O faturamento seguiu em alta: 66 milhões em 2017 e 76 milhões em 2018. Em 2019, se uniu ao grupo NRE Educacional, que tem 21 faculdades de medicina no país. Da fusão, costurada pelo Crescera, nasceu a Afya Educacional, grupo de educação médica presente em oito estados e com mais de 36 mil alunos. A Medcel, que se tornou líder em cursos preparatórios para residência médica, especializações e atualizações, representa 15% da Afya e é um dos seus ativos mais atraentes.

No dia 19 de julho de 2019, a Afya abriu o capital na bolsa americana Nasdaq, numa operação que levantou 300 milhões de dólares. O sucesso da IPO emocionou o fundador da Medcel: "Nós somos a quinta empresa privada brasileira a abrir capital na Nasdaq! Atingimos o ápice do sonho de qualquer empreendedor do planeta, que é fundar uma empresa lucrativa, auditada e com interesse do investidor da bolsa de valores em se tornar nosso sócio." Ao relembrar a trajetória da Medcel, Atílio falou sobre a contribuição do nosso trabalho para a empresa: "Foram vocês que ajudaram a domar a gestão quando saí para vender parte da empresa. E também foram vocês que fizeram a marca e criaram nosso plano estratégico. Com certeza, nos ajudaram a chegar aonde chegamos."

CICLO DE CONHECIMENTO E INOVAÇÃO

A produção de conhecimento é a base para a definição de todos os demais pilares do ABOVE ALL©. Nosso conceito dispõe de uma metodologia para abordar o binômio conhecimento-inovação. Chama-se CICLO DE CONHECIMENTO E INOVAÇÃO e é válido tanto para questões relativas a produtos e serviços quanto para as que apresentei neste capítulo envolvendo estratégia empresarial e todos os seus desdobramentos.

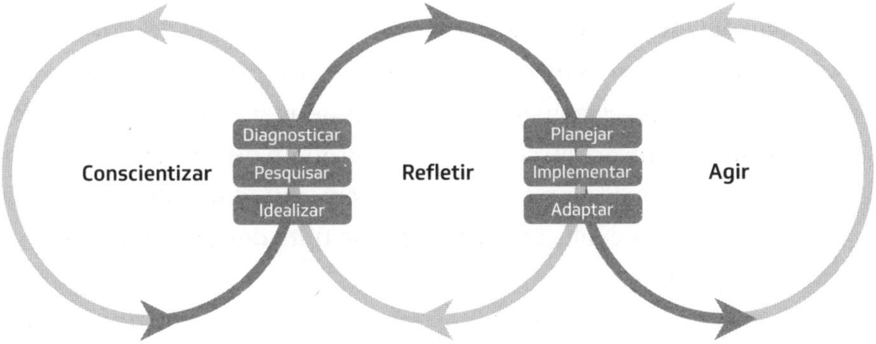

O primeiro passo da metodologia, como se observa, é a conscientização sobre determinada necessidade ou determinado problema em qualquer aspecto do negócio. O diagnóstico inicial desencadeia pesquisas sobre a melhor forma de tratar o assunto. Passa-se então à etapa de idealização, na qual envolvemos pessoas capazes de intuir ou julgar o que pode (ou não) funcionar com base no cenário desenhado a partir do diagnóstico e das pesquisas.

Uma vez que se conjecturou o que pode dar certo, é tempo de planejar com foco nas ações, já que as ideias são infinitas mas os recursos, não. Nessa fase, é imprescindível levar em conta o risco e estabelecer o grau de tolerância ao erro. Vale lembrar que a inovação deve acolher o erro e usá-lo como impulso para a próxima etapa. Infelizmente, sabemos que nem sempre isso acontece. Diante do primeiro tropeço, empresas que não tenham uma sólida cultura de inovação podem sufocar iniciativas nesse sentido e, assim, ameaçar o próprio negócio.

Concluído o planejamento, passa-se à implementação, que consiste em executar as ações e avaliar os primeiros resultados. Poucas vezes eles virão no curto prazo, mas certamente produzirão indicadores – novos conhecimentos para retroalimentar o ciclo ininterrupto de inovação. Vão se somar aos dados anteriores e orientar as adaptações necessárias, permitindo ajustes de foco no meio do caminho.

A partir dessa metodologia, é possível produzir resultados em quatro categorias distintas de inovação:

- ***Criação:*** também conhecida como o "momento eureca". É a inovação que surge a partir de uma ideia jamais aventada antes; parece brotar do nada.
- ***Evolução:*** esse tipo ocorre quando já há uma semente de inovação em termos empresariais ou em produtos e serviços; pesquisas e novos conhecimentos produzem insights capazes de aperfeiçoar o que já existe.
- ***Transformação:*** acontece quando um produto ou serviço que funciona se transforma, de maneira lateral, em algo diferente do original. Distingue-se da evolução porque não se trata de aperfeiçoamento do mesmo produto.
- ***Disrupção:*** chamamos assim as inovações que podem ser definidas como dez vezes mais rápidas, dez vezes mais baratas e dez vezes melhores do que tudo que está disponível no mercado. Uma inovação disruptiva faz com que produtos e serviços similares pareçam antigos, parados no tempo. Todos conhecemos empresas que, tomadas por arrogância, acreditaram que esse tipo de inovação jamais atingiria seu negócio – e hoje não existem mais.

Após essa reflexão, é chegado o momento de começarmos a desbravar o território desconhecido da gestão, com todos os seus desdobramentos.

PARTE III

Gestão: o elo desconhecido

7
O desafio da gestão

Há alguns anos, fizemos um trabalho extenso em uma empresa familiar que acabara de ser parcialmente vendida para um grande grupo. Fomos contratados para conduzir a aculturação da nova companhia nascente, e era um desafio e tanto. A estrutura familiar, característica das empresas "de dono" e à qual os funcionários estavam tão habituados, cedeu lugar a uma nova postura, agressiva diante do mercado e meritocrática no que dizia respeito à equipe. No primeiro mês após a aquisição, todos os diretores tiveram que entregar aos novos gestores os carros e os cartões de crédito, regalias que haviam sido implementadas décadas antes pela gestão familiar; até mesmo as vagas de estacionamento foram canceladas. Os novos executivos do grupo impuseram uma meta altíssima, acenaram com bônus variável no fim do ano e criaram mecanismos de pressão inimagináveis na cultura anterior. Boa parte dos funcionários reagiu com indignação e não foram poucas as demissões voluntárias. Em nosso estudo exploratório inicial, ouvimos cerca de 300 colaboradores e a queixa mais frequente resumia-se a isto: "A empresa era uma mãe. Não é mais."

Porém havia um jovem funcionário que chamarei de João. Estava na empresa havia alguns anos e odiava a gestão familiar, que chamava de "míope" – sendo esse o adjetivo mais suave que empregou na entrevista, realizada, como sempre fazíamos, com todas as garantias de sigilo. Circunstancialmente, a mudança na direção da companhia foi o melhor que poderia acontecer a um colaborador com o perfil de João, que dizia: "Não estou nem aí para o tíquete-refeição. Quero saber quanto vou ganhar de bônus no final do ano para comprar meu apartamento." João já tinha feito uma reunião muito produtiva com a nova chefia. Nela, perguntou: "O que eu tenho que fazer? Quanto preciso vender?" Saiu do encontro com respostas claras e já preparando suas táticas para crescer no novo cenário.

João se tornou nosso melhor exemplo para convencer o departamento de Recursos Humanos da empresa, ainda um misto de funcionários antigos e novos, da necessidade de buscar mais gente como ele: ambicioso, autônomo, movido a metas agressivas, com uma personalidade que os estudos de perfil comportamental chamariam de "dominância alta com influência alta", isto é, uma pessoa assertiva, focada em obter resultados mensuráveis e com habilidade para persuadir e influenciar pessoas e grupos. A mudança na gestão exigia o recrutamento de um novo perfil de funcionário, adaptado à nova realidade. Pessoas como João seriam mais felizes na nova estrutura. Teriam mais possibilidades de bater as metas e, portanto, de trazer resultados importantes para a empresa, contribuindo para seu crescimento e para a perpetuidade do negócio.

O processo que resulta na vinda de mais Joãos quando uma empresa passa por uma mudança dessa magnitude pode parecer natural, quase orgânico, à primeira vista. Não é. No dia a dia como consultor, encontro pessoas talentosas (ou não) alocadas a funções que não dialogam com suas preferências comportamentais, com sua capacidade potencial e nem mesmo com seu perfil técnico.

A contratação das pessoas certas para as posições certas é, ainda hoje, quase uma ilusão romântica que, assim como um grande amor, raramente pode ser encontrada nas organizações. É também um dos aspectos negligenciados da gestão. Há muitos mais.

Encontro com frequência assombrosa companhias que canalizaram seus esforços para vários aspectos – faturamento, lucro, dias de produto em estoque, redução de custos, troca de fornecedor e outros pontos destinados a aumentar sua performance do ponto de vista dos resultados –, porém descoladas daquele que deveria ser o foco principal de qualquer empresa que ambicione crescer: o cliente. Concentram energias no que deveria ser *o resultado* de ter o cliente como foco. Encontro, ainda, empresas organizadas em departamentos estanques, que não interagem entre si e criam vácuos de entendimento que são nefastos para o desempenho da organização.

Como corrigir esses erros, graves a ponto de afundar um negócio?

Com gestão. E esse é o problema. Na maioria das empresas, a gestão ainda está no tempo das cavernas, com reflexos em todas as faces do negócio. É por isso que dizemos que a gestão é o elo desconhecido do ABOVE ALL©.

Voltemos ao caso da empresa onde João trabalha. Imaginemos que a necessidade de um novo perfil de funcionário não tivesse sido detectada pela consultoria nem internamente. Seis meses depois, possivelmente haveria queda significativa nas vendas e distanciamento das metas. O diretor de marketing decretaria: "O problema está na publicidade. Vamos trocar de agência." O gerente de produto contraporia: "O problema é que nossas embalagens são antigas, não têm apelo. Vamos contratar um escritório de design para redesenhá-las." Providências tomadas poderiam até surtir efeito, mas temporário, porque o problema estava na gestão – no caso, gestão de pessoas –, incapaz de diagnosticar e resolver a inadequação dos colaboradores ao perfil ideal.

Isso é muito comum. Porém, para quem está envolvido com o dia a dia da empresa nem sempre é simples encontrar a origem do problema. Mesmo quando há várias frentes de trabalho implorando por ajustes, a mais urgente costuma ser a gestão.

FLOW: ONDE O TALENTO ENCONTRA O PROPÓSITO

Esse foi o maior desafio que meus consultores e eu encontramos na Flow, uma empresa de contratação de executivos especializada em alto escalão, com olhar mais segmentado para finanças, bancos e seguros.

O ano era 2012. A Flow fora criada em 2011, por um grupo de jovens executivos egressos de uma conceituada multinacional do setor de recursos humanos, de onde trouxeram a experiência de suas respectivas vertentes de atuação, uma coleção de projetos bem-sucedidos e boa reputação junto ao mercado. A empresa operava havia dez meses, mas algo incomodava os sócios-fundadores: certa inconsistência no planejamento estratégico e algumas indefinições do modelo societário. Um dos sócios nos procurou, apresentando o projeto da Flow e pedindo uma reunião em que todos estivessem presentes.

Nessa reunião inicial, logo que fizemos as primeiras perguntas ficou claro que havia algo errado. Os sócios não tinham respostas para perguntas simples, como "O que é flow?" ou "O que vocês entregarão de diferente do que a empresa de onde saíram oferecia?". Observamos que as cores do site lembravam as da companhia anterior em que tinham atuado e que as fotos vinham de bancos de imagem – o que era incompatível com uma empresa que vislumbrava trabalhar com foco em executivos de liderança. O próprio nome, embora fosse interessante e evocasse a ideia de fluidez e processo, vinha de uma frase que um dos sócios tinha lido em um livro e não estava ancorado em um conceito que pudesse ser explicado aos clientes. Mas havia questões bem mais sérias.

A gestão era crítica.

Os cinco sócios tinham experiências profissionais semelhantes, adquiridas em uma cultura de multinacional que lhes apresentava o cardápio pronto. Nos postos que ocupavam anteriormente, não participavam da elaboração nem da implementação de um planejamento abrangente. Bastava que cuidassem de suas unidades de negócios. Havia muitos "Eu acho" e quase nenhum "Eu acredito". Disse a eles que, a partir do momento em que começássemos a trabalhar juntos, não haveria mais espaço para "acho": seria preciso ter convicção sobre tudo.

Qualquer gestor experiente sabe que as únicas certezas do planejamento estratégico são que haverá imprevistos e que, quando se encerrar um plano, teremos, com sorte, eliminado as incertezas. Na Flow, graças a um grupo de empreendedores abertos à mudança e aos desafios de reinventar o próprio negócio, foi possível realizar um trabalho intenso, abrangente e profundo. Questões pessoais foram trazidas à tona e resolvidas com clareza e bom senso. Discutimos modelos de remuneração e instâncias de decisão. Optou-se por um modelo de gestão meritocrático, com pessoas voltadas para resultados, ambiente competitivo, empreendedor, assertivo e liderança desafiadora, objetiva e, ao mesmo tempo, inspiradora.

Ao longo de dois anos de trabalho, até 2014, minha consultoria realizou um trabalho completo de planejamento estratégico, posicionamento mercadológico, proposta de valor, modelo de negócio e identidade de marca para a Flow. Concluído o pilar da estratégia, fizemos o plano de comunicação e o book de marca. Mostramos aos executivos da Flow que, naquele momento, sua marca não era única e não tinha uma linguagem forte e que sua vocação não transparecia na comunicação da marca. Finalmente, chegamos à definição de *executive finders*, em oposição ao já esgotado *executive searchers*, que tantas consultorias de recrutamento e seleção utilizam. Ou seja, a Flow tinha um diferencial: ela não procurava simplesmente os melhores executivos para determinados cargos, ela os encontrava. Depois de horas e horas de reuniões e muitos conflitos, chegamos a essa definição e à assinatura *When talent meets purpose*. Em bom português: onde talento encontra propósito. Foi uma epifania.

A EXPERIÊNCIA DO CLIENTE

Luiz Gustavo Mariano, sócio da Flow

"Não nascemos como empresa: éramos cinco caras praticamente com o mesmo histórico, a mesma experiência e uma visão bastante intuitiva do negócio, de como queríamos que evoluísse. Além disso, não tínhamos nenhum conhecimento específico de marketing, de planejamento estratégico, de gestão. No entanto, todos nos alinhamos a partir da proposta do conceito ABOVE ALL©, uma metodologia estruturada, com etapas claras, cada uma delas com seu recheio conceitual e prático. A cada etapa, organizamos nosso pensamento para buscar resultados. Tivemos ganhos marcantes referentes à marca e à sua vocação, à comunicação, à estrutura de cargos e salários e mesmo ao planejamento financeiro.

O trabalho que realizamos nos trouxe um combustível a mais, certezas sobre aonde queríamos chegar e paixão pelo que estávamos construindo. A Flow dobrou de tamanho depois que nos posicionamos como empresa diferenciada no mercado. Durante cinco anos seguidos, crescemos 100% ao ano. Quando demos o trabalho por encerrado, as pessoas já tinham incorporado os conceitos e estavam prontas para andar com as próprias pernas."

8
Como transformar a empresa que se tem na que se quer

A gestão é o sustentáculo do negócio porque é responsável pela execução, ou seja, por fazer com que os sonhos saiam do papel e se concretizem. Situa-se no vértice da ESTRATÉGIA DOS TRÊS PILARES, que congrega as estruturas organizacional, operacional, tecnológica, de pessoas e de capital. O elo entre a estratégia e a gestão será melhor compreendido com a metodologia ARQUITETURA DA ORGANIZAÇÃO REQUERIDA, que esmiúço a seguir.

Fazendo uma analogia entre empresa e ser humano, o cérebro corresponderia à estratégia, o design à vestimenta e o marketing à forma de expressão. A gestão seria o corpo, que promove o movimento e faz o planejamento estratégico acontecer. Uma empresa que não tem uma boa gestão pode até receber da estratégia (o cérebro) um comando para agir, porém estará prostrada e não conseguirá realizar as ações necessárias.

A gestão é a vida da empresa. E é por isso que uma organização pode ir do céu ao inferno de uma gestão para outra. Por gestão, entenda-se o negócio em sua totalidade: vocação, macroprocessos integrados, microprocessos internos, formas de remuneração, princípios, valores, rituais do dia a dia, entre outros.

Para contribuir com uma gestão focada na continuidade e no sucesso do negócio, apresentarei a seguir os tópicos que definem a arquitetura da organização que buscamos:

- ***Interatividade organizacional:*** ilumina as missões e os macroprocessos integrados de cada área da organização, motivando-os a trabalhar de maneira harmônica;
- ***Foco operacional:*** conduz a empresa para operar com foco total no

cliente, assegurando que, na ponta da cadeia de valor, a experiência de marca seja a melhor possível;

- ***Perfil dos integrantes:*** facilita o estabelecimento da capacidade potencial, dos perfis técnico e comportamental e das competências práticas, dos traços culturais e dos indicadores de desempenho das pessoas em posições-chave.

Esses tópicos serão essenciais na construção da organização requerida para viabilizar o cumprimento do planejamento estratégico – em contraponto à organização que se tem no momento em que esse planejamento é definido.

Por isso, quando se pensa em planejamento estratégico, é preciso apreciar com muito discernimento se as estruturas organizacional, operacional, tecnológica, de pessoas e de capital atuais correspondem às necessárias para executá-lo com excelência.

É muito raro que essa avaliação tenha como resposta um "sim". Um planejamento benfeito provavelmente exigirá novos arranjos estruturais, que podem vir sob a forma de uma nova unidade de negócios ou mesmo uma reorganização geral do modelo presente.

Ou seja, esse passo pede uma análise de como se estruturam, operam e se relacionam os elementos a seguir.

Estrutura organizacional

Delineia como a empresa se desdobra em termos de unidades de negócios e departamentos, explicita as alçadas e a hierarquia, quem responde a qual setor e como se dá esse relacionamento. Projeta também quantas pessoas haverá em cada segmento, ano a ano, à medida que a organização alcançar suas metas e seus objetivos. Ao conquistar mais clientes, por exemplo, precisará de mais colaboradores em alguns departamentos para fazer frente à nova demanda. Cada empresa se estrutura à sua maneira, dependendo de seu planejamento estratégico e de sua área de atuação.

Estrutura operacional

É a tradução da estrutura organizacional, indicando como a empresa opera. Por exemplo, quais departamentos têm relação com o cliente, quais são de apoio e assim por diante, permitindo que se compreendam as relações entre diferentes áreas da companhia. Cada departamento, área ou setor tem uma *missão* para contribuir com o cumprimento da estratégia que deu origem às estruturas organizacional e operacional.

Estrutura tecnológica

Delineia antes de mais nada o que é meio e fim em termos tecnológicos. No caso de uma empresa de e-commerce ou de uma plataforma SaaS, por exemplo, a estrutura tecnológica é o próprio *core business*. Em uma empresa de prestação de serviços profissionais ou em uma companhia aérea, corresponde ao conjunto de ferramentas de suporte e assistência ou ao meio para a prestação dos serviços ou entrega do transporte. Hoje, qualquer organização – de startups a conglomerados globais – precisa de um conjunto de tecnologias embarcadas. Praticamente nada mais existe sem essa estrutura.

Estrutura de pessoas

Cada célula da estrutura organizacional está povoada por pessoas, as quais, por sua vez, serão atraídas, selecionadas, contratadas, desenvolvidas, avaliadas e até demitidas de acordo com suas características individuais, em combinação com os resultados apresentados e com sua aderência à cultura e ao modelo de gestão da empresa. Dentro do departamento, cada pessoa tem uma descrição de cargo, um trabalho a ser realizado. Os departamentos interagem entre si em contatos que chamamos de macroprocedimentos.

Estrutura de capital

Necessária para contratar, comprar, desenvolver – enfim, pôr e manter a organização em pé.

A somatória das descrições das ocupações de todos os indivíduos, da cultura que comungam e do desempenho que atingem corresponderá ao resultado final de todos os departamentos, o que, por sua vez, fará o resultado global da empresa.

VISÃO ENCADEADA ENTRE ESTRATÉGIA E GESTÃO

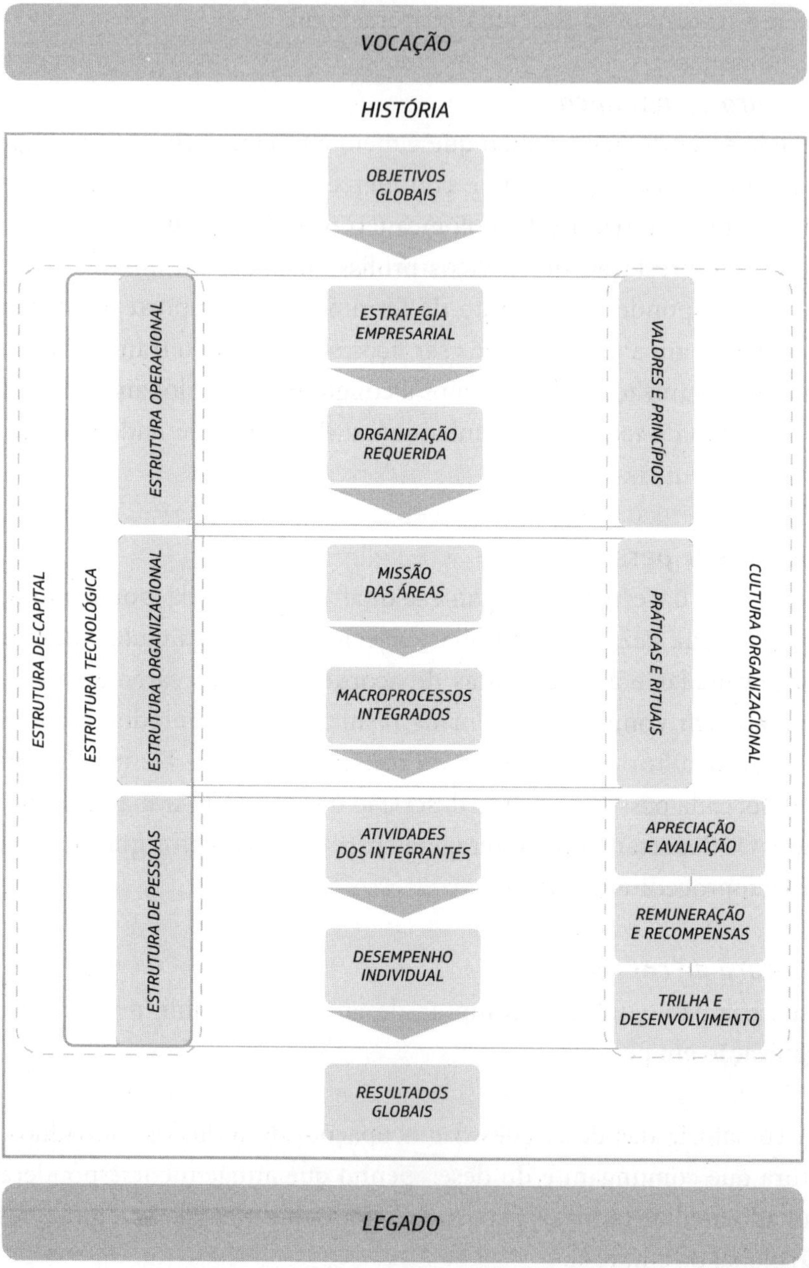
VOCAÇÃO
HISTÓRIA
OBJETIVOS GLOBAIS
ESTRATÉGIA EMPRESARIAL
ORGANIZAÇÃO REQUERIDA
MISSÃO DAS ÁREAS
MACROPROCESSOS INTEGRADOS
ATIVIDADES DOS INTEGRANTES
DESEMPENHO INDIVIDUAL
RESULTADOS GLOBAIS
ESTRUTURA DE CAPITAL
ESTRUTURA TECNOLÓGICA
ESTRUTURA OPERACIONAL
ESTRUTURA ORGANIZACIONAL
ESTRUTURA DE PESSOAS
VALORES E PRINCÍPIOS
PRÁTICAS E RITUAIS
CULTURA ORGANIZACIONAL
APRECIAÇÃO E AVALIAÇÃO
REMUNERAÇÃO E RECOMPENSAS
TRILHA E DESENVOLVIMENTO
LEGADO

Para a organização requerida, é possível que alguma dessas estruturas já esteja próximo da adequada. Por exemplo, a empresa pode estar capitalizada e, sob esse ponto de vista, preparada para cumprir a estratégia. O ponto de atenção é que, ao desenhar a estrutura de organização requerida, é preciso compreender e considerar um elemento que está fora dela mas para o qual ela invariavelmente trabalha: o cliente.

ENTENDENDO A INTEGRAÇÃO ENTRE AS PARTES

Não acredito no conceito de missão que as empresas declaram de modo global, afixam nas paredes e recomendam aos funcionários que usem como protetor de tela. Acredito, isso sim, que cada departamento de uma empresa tem a própria missão, que é um desdobramento do planejamento estratégico. Se cada departamento cumprir o que lhe foi designado, a empresa vai entregar sua estratégia e "vencerá a guerra".

No entanto, em geral, não é isso que ocorre. A maioria das empresas atua como um organismo fragmentado, departamentalizado, operando em silos e sem o fio condutor do planejamento estratégico.

Um exemplo comum: o departamento comercial da empresa define uma meta arrojada de vendas. Comunica ao setor de produção, que deverá se aparelhar para fazer frente ao aumento esperado da venda de produtos. No entanto, não dialoga com o RH, que segue contratando vendedores com perfil menos ambicioso do que o necessário para cumprir a nova meta. Uma decisão desse porte deveria ser tomada em uma sala na qual estivessem reunidos representantes – no mínimo um – de todos os departamentos, de maneira a garantir que a empresa inteira esteja orientada para o mesmo objetivo.

A metodologia a seguir visa corrigir distorções como essa. Ela deve ser construída de acordo com a estrutura de cada organização e levar em conta a interação entre os departamentos, daí a mandala interconectada que apresento no exemplo da página seguinte.

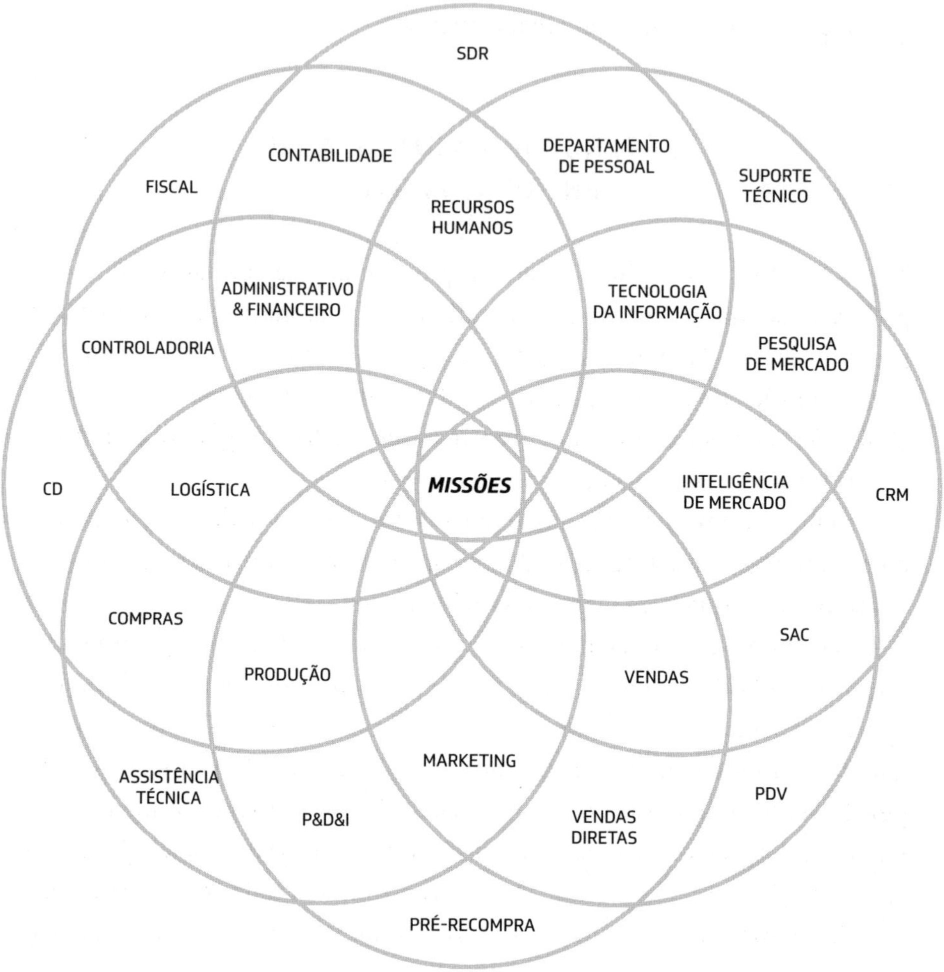
SDR
CONTABILIDADE
DEPARTAMENTO DE PESSOAL
FISCAL
SUPORTE TÉCNICO
RECURSOS HUMANOS
ADMINISTRATIVO & FINANCEIRO
TECNOLOGIA DA INFORMAÇÃO
CONTROLADORIA
PESQUISA DE MERCADO
CD
LOGÍSTICA
MISSÕES
INTELIGÊNCIA DE MERCADO
CRM
COMPRAS
SAC
PRODUÇÃO
VENDAS
MARKETING
ASSISTÊNCIA TÉCNICA
PDV
P&D&I
VENDAS DIRETAS
PRÉ-RECOMPRA

Na estrutura de uma organização, cada departamento tem maior ou menor proximidade com outros correlatos. Assim, por exemplo, existem laços fortes entre os departamentos de marketing, vendas, pós-venda e garantia. Essas interações recebem o nome de macroprocedimentos. O cliente faz uma compra no site, o pedido é direcionado para o estoque, segue para a expedição e assim sucessivamente até o produto chegar à casa do consumidor. Se for um macroprocesso de produção, não começa com o cliente, e sim com o fornecedor, de onde segue para a área de produção, da produção para o setor de qualidade, da qualidade para o estoque, do estoque para a logística e da logística para a casa do cliente.

Mapear todos esses macroprocessos de forma integrada, ou seja, os pontos de contato entre os departamentos que envolvem obrigatoriamente o cliente, é importante para informar como a empresa precisa funcionar para cumprir seu plano e suas táticas da área comercial, um aspecto relevante do planejamento estratégico maior.

O CORAÇÃO DA EMPRESA É O CLIENTE

A empresa deve estar operacionalmente voltada para o cliente. Na minha metodologia, a diretriz é sempre se colocar no lugar da pessoa que faz uso do produto ou serviço. É preciso desenvolver uma cultura organizacional centrada na empatia e no ser humano. Porque sem cliente não existe negócio nem faturamento. Não existe empresa nem emprego. Nada. Para isso, a organização deve definir com clareza quais são suas áreas centrais (aquelas que estão em contato direto com o cliente, assistindo-o) e quais são as auxiliares (aquelas que dão suporte às centrais para que alcancem seu objetivo maior). Essa ferramenta deve ser desenhada individualmente, para cada organização.

Esse modelo representa uma cadeia de valor na qual a atuação das três áreas centrais, em cinza-claro na figura da página seguinte, em conjunto com as três áreas na segunda órbita (em branco), está mais próxima do cliente. Uma miríade de outros departamentos de suporte, operando em parceria e sincronismo com os prestadores de serviços e parceiros operacionais (em cinza-claro), contribui para a construção e o desenvolvimento de uma relação sólida e consistente em um modelo operacional que tem o cliente como centro. Abaixo, um exemplo de uma empresa de oferta de serviços de software por assinatura.

Minha observação do que ocorre cotidianamente nas empresas me dá a dimensão da importância de não perder esse foco. Um exemplo ilustrativo, infelizmente negativo, vem do segmento de moda brasileiro. Há alguns anos, um grupo de investimentos adquiriu uma bem-sucedida rede de varejo de moda feminina no Brasil. O novo sócio chegou decidido a potencializar o negócio. Optou pela abertura de novas lojas e pela troca de fornecedores, sempre em busca de maior lucratividade. Entre outras mudanças, lenços de seda pura que eram best-sellers da rede foram trocados por outros de tecido misto produzido na China por um novo fornecedor. Habituadas à boa qualidade dos produtos da rede, as clientes ainda compraram os novos itens durante algum tempo porém, a certa altura, deram-

-se conta de que algo havia mudado: a qualidade não era mais a mesma; as estampas, até então exclusivas, podiam ser encontradas em outras lojas que não as da rede (que compravam do mesmo fornecedor chinês).

Quando da troca de fornecedor, os resultados da empresa melhoraram, claro, pois os custos haviam diminuído e as vendas se mantiveram ou cresceram; porém, à medida que a percepção da piora da qualidade se instalou, as clientes deixaram de ir às lojas. Os gestores, surpresos, adotaram novas medidas: cortaram funcionários, reduziram preços, fecharam lojas e demitiram gerentes que trabalhavam havia muito tempo na empresa porque tinham salários mais altos (não levaram em conta que vários conheciam as clientes pelo nome e se comunicavam diretamente com elas sobre novos produtos e lançamentos). Assim, passo a passo, foram afundando a rede, que até o primeiro semestre de 2019 não havia recuperado – nem de perto – o sucesso do passado. Acumulava prejuízos que geraram nova onda de demissões, que certamente não solucionarão o problema-raiz.

É isso que ocorre quando o cliente não está no foco da operação. Se ele é o centro das atenções, essa situação produz um modelo mental voltado a atender suas demandas e necessidades, fazendo com que perceba valor e adquira mais daquele produto ou serviço, fortalecendo o resultado da organização. Quando a empresa está mais preocupada com outros aspectos, como questões financeiras ou operacionais de curto prazo, acaba colocando em risco sua sobrevivência – afinal, nenhuma organização respira sem clientes.

Parece jargão de palestra, mas o lucro deste ano tem a ver com as decisões que foram tomadas há dois, três, cinco anos, e é sempre *resultado*, nunca origem. É importante destacar que a morte empresarial, típica de organizações que repousam sobre os louros do passado, não acontece de uma hora para outra. Os gestores, em geral, entram em um movimento pendular, com a empresa produzindo resultados positivos durante algum tempo sem se dar conta de que não são sustentáveis. Quando os indicadores despencam e a ficha cai, recorrem a novas escolhas equivocadas.

O segmento de moda no Brasil teve forte declínio em crescimento médio nos últimos anos, passando de 10% ao ano entre 2008 e 2013 para 1,82% entre 2013 e 2018. Nesse cenário difícil, as decisões que levaram a varejista do nosso exemplo a uma espiral de insucesso foram tomadas por uma gestão que não olha para o cliente e briga com o posicionamento mercadológico da marca. A empresa deslocou-se de um extremo a outro: seus gestores transformaram uma companhia que tinha uma visão empresarial simples porém entendia muito de gente, de comportamento e de moda, em uma organização com olhar financeiro apurado mas que não entende nada de moda, comportamento e estilo. O desagrado do cliente falou mais alto, mostrando que é preciso trabalhar em uma equação que equilibre todos os fatores do negócio. Claro que a empresa precisa ter lucro e se sustentar considerando estrutura de capital, modelo de negócio e outras variáveis do universo operacional e estratégico, mas sem perder o foco no consumidor final.

COMO ATRAIR OS TALENTOS CERTOS

É preciso desdobrar a estratégia para a gestão até o nível individual, garantindo que cada colaborador entenda quais são os macroprocessos de seu departamento, o que deve fazer todos os dias para contribuir para a estratégia e como seu trabalho impacta a experiência do cliente.

Sem pessoas engajadas, bem preparadas do ponto de vista técnico, alocadas a funções e missões que condigam com sua personalidade e bem avaliadas em relação a sua capacidade potencial, nenhum planejamento estratégico, por mais perfeito e embasado que seja, chegará a bom porto. Na teoria, qualquer gestor reconhece a importância de ter as pessoas certas nos lugares certos. Na prática, isso nem sempre acontece. Conheço raríssimas organizações que levam a cabo esse postulado – mesmo que parcialmente.

Esse é um fator de grande fragilidade na maioria das empresas. Era um dos problemas da rede de clínicas Onodera, para a qual prestamos consultoria entre os anos de 2013 e 2015. Havia pontos de atenção tanto na seleção dos franqueados – nem todos com o perfil de gestor/empreendedor necessário para tocar uma franquia – quanto no gerente responsável por construir pontes entre eles e a franqueadora. Uma estrutura organizacional centralizada que deixava dúvidas nas relações de subordinação agravava o quadro em que franqueadores se viam desmotivados e desassistidos em suas demandas mais simples. Bastaram poucas reuniões para evidenciar que os problemas derivavam sobretudo de falhas na gestão, o que exigia uma análise profunda do perfil das equipes e de seus integrantes.

Pela primeira vez na trajetória da rede, definiram-se os perfis comportamentais e as competências técnicas e práticas desejáveis de cada cargo dentro da Onodera – do franqueado ao manobrista, passando, naturalmente, por gerentes de unidade, consultoras, esteticistas e recepcionistas. Estabeleceram-se também indicadores de desempenho para todas as funções, do gerente financeiro, que responderia por dias negativos no fluxo de caixa, por exemplo, ao auxiliar de limpeza, cuja permanência na empresa dependeria, entre outros indicadores, das avaliações dos clientes sobre a qualidade de seu trabalho.

Além disso, foi elaborado um plano de carreira que permitia aos colaboradores compreender o caminho que deveria ser percorrido para crescer dentro da empresa, a partir de um modelo de gestão com critérios claros e priorizando processos seletivos internos sempre que houvesse profissionais aptos para os cargos em aberto.

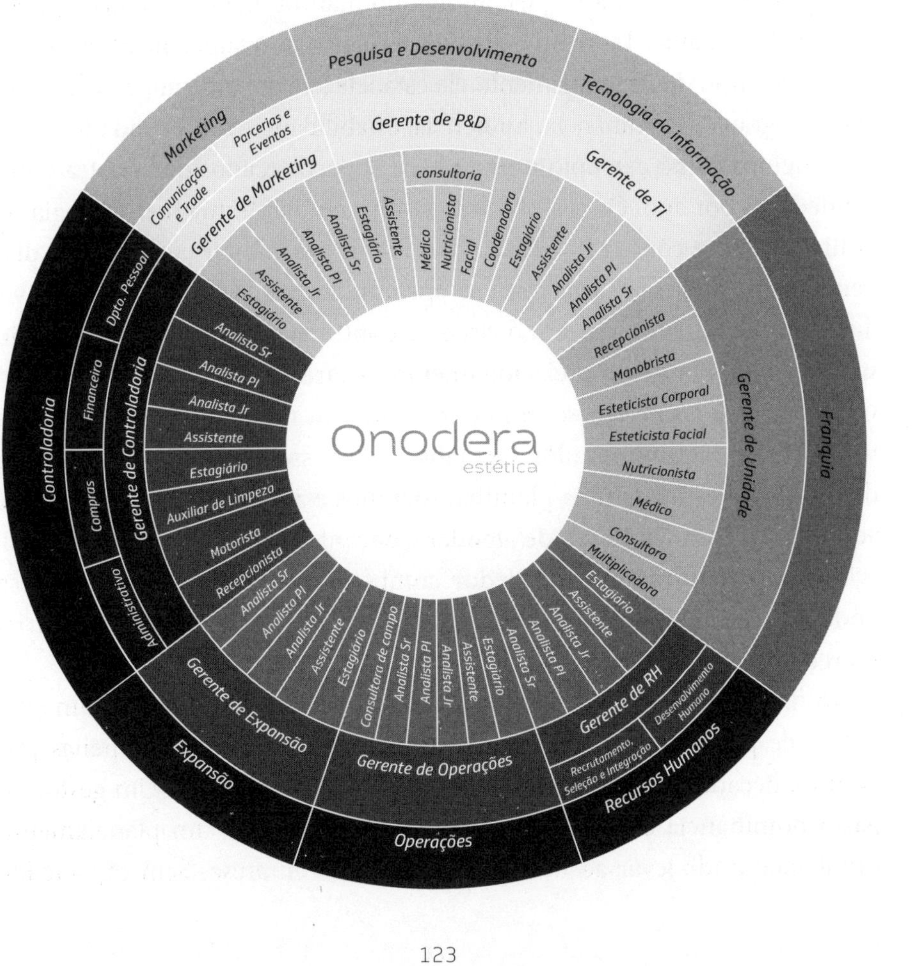

Há diversas ferramentas para encontrar pessoas adequadas às posições dentro de organizações, independentemente de seu porte. Nossa metodologia se vale de conceitos e técnicas criados nas últimas décadas para avaliar o comportamento, as competências e capacidades dos indivíduos. Utilizamos vários conceitos independentes visando atrair pessoas para melhorar o desempenho da organização. Se a escolha e consequente alocação forem feitas com base em avaliações padronizadas e universais, a somatória do desempenho de todos os colaboradores tornará a empresa imbatível.

As avaliações, quando realizadas com critério e por profissionais habilitados, permitem traçar perfis comportamentais e técnicos acurados para várias funções, inclusive de liderança, poupando as empresas do desgaste da alta rotatividade de pessoas. Por meio delas, é possível identificar um perfil mais positivo, inquieto, competitivo, adaptável, sistemático, entre outras características que tornarão aquele indivíduo mais ou menos adequado a determinado trabalho. Também é possível avaliar suas competências práticas e prever que tipo de relacionamento ele estabelecerá com a equipe, de acordo com seu grau de dominância, influência, estabilidade e conformidade.

Tomemos como exemplo uma rede de supermercados que contrata mil vendedores por ano. Os gestores não conhecem nenhuma metodologia de avaliação ou, se conhecem, descartam sua utilização por considerá-la dispendiosa ou desnecessária. Sem se aprofundar nas características individuais dos candidatos, correm o risco de contratar a esmo pessoas que não se interessam por gente e relacionamentos – característica vital para o bom vendedor. Por isso é tão comum entrarmos em uma loja e encontrarmos funcionários mal-humorados, que talvez preferissem estar em uma estação de trabalho, diante de uma planilha, sozinhos e altamente produtivos, a se ver tolhidos pela obrigação de atender e encantar clientes.

Da mesma forma, um vendedor competentíssimo para uma empresa pode não ser tão eficiente em outra. Nesse ponto, a cultura empresarial exerce forte influência.

No nível da liderança, uma boa avaliação poderia impedir que um executivo de perfil discreto e observador se tornasse presidente apenas por estar há décadas na companhia – como tantas vezes ocorre. Um gestor de baixa dominância e despreparado para os desafios de um planejamento estratégico pode levar ao desmantelamento da empresa. Sem capacidade nem carisma, não conseguirá engajar seus subordinados em um projeto de mudança de cultura e gestão de sucesso.

Nunca encontrei uma empresa que realizasse cotidianamente avaliações de perfil comportamental alinhadas com seu planejamento estratégico. Vez ou outra, ao longo da minha trajetória profissional, trabalhei com algumas que realizavam esse tipo de avaliação para alguns (poucos) cargos. As razões apresentadas para não se fazer isso costumam ser: porque não há tempo; porque é (supostamente) caro; porque o executivo que poderia requisitar ferramentas de avaliação não acredita em sua eficácia. É uma pena. Existem hoje excelentes metodologias de avaliação que exigem poucos minutos de dedicação ao preenchimento de questionários e oferecem um resultado muito consistente. Os que rechaçam seu uso por questões financeiras preferem não calcular o custo, muito superior, de contratar, treinar e demitir por inadequação ao cargo. Quanto à eficácia, ela se prova todos os dias em minha experiência profissional e consultiva. Ao evitar que um profissional que não tem a cultura da sua empresa seja contratado, o departamento de Recursos Humanos poupa dinheiro, energia e reclamações. Multiplique esse raciocínio pelo número de colaboradores de uma empresa e minha tese fará ainda mais sentido.

A estrutura de pessoal de uma organização não é estática. Um bom planejamento deve prever novas configurações ano a ano. Daí se depreende a importância do departamento de Recursos Humanos em qualquer empresa. No entanto, no dia a dia, o trabalho dos RHs não tem nada de estratégico. Em muitos casos, esses departamentos são celeiros de profissionais da área de psicologia que não entendem nada do negócio e que acabam se transformando no muro das lamentações da organização. Em vez de contribuir decisivamente para a perfeita execução do planejamento estratégico, se resumem a processar a folha de pagamento, realizar entrevistas de recrutamento que não se aprofundam nas reais características do trabalho e cuidar dos colaboradores com um viés que passa bem perto do assistencialismo.

É importante compreender o que será exigido do perfil para cada função e, acima disso, atrair indivíduos afinados com a cultura e a estratégia, contemplando os seguintes quesitos:

- ***Perfil técnico:*** cursos, habilitações e conhecimentos necessários para que determinado profissional esteja legitimado para cumprir as obrigações de sua profissão.

- ***Perfil comportamental:*** conjunto de preferências e características de personalidade desejáveis para maior conforto pessoal e profissional ao longo das atividades e tarefas que deverá realizar.
- ***Competências práticas:*** leque de habilidades adequadas à superação dos desafios e que podem ser adquiridas por meio de treinamentos, capacitações ou em vivências anteriores.
- ***Capacidade potencial:*** capacidade inata de lidar com variáveis em um horizonte de tempo determinado. Combinados, as variáveis e o tempo estabelecem o nível de complexidade e incerteza que envolve as decisões a serem tomadas diariamente.
- ***Performance:*** desempenho e resultados esperados do profissional, medidos por indicadores predefinidos, quantitativos ou qualitativos.
- ***Cultura:*** compatibilidade e aderência entre a cultura da empresa e a do colaborador no que diz respeito a valores e princípios pessoais e organizacionais.

São essas as características que toda empresa busca ou deveria buscar em cada um de seus profissionais.

INSTITUTO PIERON: UMA CONSULTORIA DE RH EM BUSCA DE RENOVAÇÃO

No fim do dia, as atenções sempre se voltarão para pessoas: colaboradores e clientes, em interações que se dão de pessoa para pessoa, sem demagogia ou falácia. Se os colaboradores estiverem no lugar certo, maiores serão as chances de êxito da estratégia com resultados acima do esperado. Esse é um raciocínio que não poupa ninguém, nem mesmo empresas tradicionais como o Instituto Pieron, que tem na realização de avaliações um de seus carros-chefes.

Fundado em 1959, o Pieron define a si mesmo como uma consultoria de desenvolvimento organizacional e recursos humanos. Com uma equipe de consultores seniores admirados no mercado e nas empresas pela meticulosidade na análise dos dilemas de seus clientes – foram mais de 1.200 empresas só na última década –, o Pieron se tornou conhecido por operar na zona de excelência. Quando conheci o trabalho do Instituto, em 2013, o ambiente, no entanto, era de profunda inquietude. E o ponto de atenção, curiosamente, dizia respeito à especialidade da empresa: a identificação de pessoas certas para os lugares certos.

Sem uma cultura de busca proativa de clientes, faltava ao Pieron desenvolver uma área de novos negócios e de marketing com foco em traçar um plano de prospecção e divulgação maior da marca. Willian Bull, sócio-consultor da organização, explica que o forte da equipe sempre foi uma entrega robusta para o cliente, e não pegar o telefone e convidar: "E aí? Vamos marcar um almoço, tomar um café?" Segundo Bull, ficou claro que seria necessário buscar no mercado profissionais que pudessem fazer esse papel. "Para trilhar o novo caminho, deveria haver no Pieron pessoas mais capacitadas a desenhar um produto, outras mais hábeis na divulgação e assim por diante. Uma empresa não é um mero CNPJ: ela é um conjunto de CPFs, que tiveram que se repensar ao longo do processo. Porque somos nós que faremos acontecer."

Havia ainda outro ponto importante: a sucessão. Com o sócio-diretor Marcos Bruno planejando afastar-se da condução do dia a dia, abria-se uma janela importante. Durante nosso trabalho de consultoria, levantei quatro hipóteses: profissionalização do negócio, que até então tivera um núcleo familiar à frente das atividades; fusão ou acordo estratégico; venda (parcial ou integral); e cessão de direitos. Recomendamos que se ativessem às duas primeiras, ancorados na reputação e na força da marca, aliadas ao conhecimento e à ligação intrínseca dos sócios-diretores com o negócio. A solução encontrada, no entanto, foi ainda mais interessante.

Rafael Bruno, filho dos sócios, acionista e administrador de empresas com uma carreira bem-sucedida na área de investimentos, com passagens por grandes bancos, como Bradesco e Santander, começou a participar das reuniões para repensar o futuro do Pieron, como desejava Marcos Bruno. "Quando falamos sobre as mudanças por vir e sobre a necessidade de contratar um CEO, decidi me candidatar", conta Rafael, que desde 2014 dirige o instituto.

A EXPERIÊNCIA DO CLIENTE

Marcos Bruno, sócio-diretor do Instituto Pieron

"Quando contratamos a consultoria, eu já dirigia o Pieron havia mais de duas décadas. Nesse período, havia conduzido pessoalmente várias mudanças, mas sentia que tínhamos um grande desafio diante de nós, que dizia respeito a *pessoas*. Não tínhamos problemas financeiros naquele momento, mas eu percebia uma fragilidade e me preocupava com ela: quem fazia o nosso marketing eram nossos clientes. Isso, claro, não era ruim. Sinalizava uma apreciação genuína do trabalho que realizávamos nas empresas – os executivos que atendíamos nos indicavam para outros executivos, de modo que nossa operação, para funcionar, dependia apenas de o telefone tocar.

Porém o fato é que não tínhamos uma estrutura comercial organizada, azeitada, que desenvolvesse um trabalho de prospecção de novos clientes e novas áreas onde pudéssemos atuar. Fazíamos o que fazíamos com esmero, e isso parecia bastar a uma equipe sênior, experiente e talentosa. Nossos consultores adoram o conhecimento e se divertem com ele, aprofundam-se, estudam incansavelmente. Nunca nos prendemos aos números do nosso negócio, acreditando que, se estivéssemos envolvidos em projetos que gostamos de fazer, a receita viria.

Não estávamos errados, e é verdade que essa linha de raciocínio nos trouxe até aqui. Porém compreendemos que, se quisermos garantir a perpetuidade de nosso negócio, será preciso agregar mais profissionalismo a certos processos. Assim, se nossa especialidade não é vender nossos serviços, precisamos de alguém com talento para isso. Com o apoio do conceito ABOVE ALL©, demos início à formação de uma estrutura comercial capaz de ampliar as potencialidades do nosso negócio."

9
Execução e estratégia são vitais ou mortais

Como consultor, já ouvi mais de uma pessoa dizer que mais vale uma execução benfeita do que uma estratégia brilhante. Minha experiência mostra que se trata de mais uma bobagem da mitologia organizacional. De nada adianta uma execução cuidadosa e mesmo inovadora quando não se sabe para onde a empresa caminha, que futuro antevê para si mesma em qual cenário de negócios. Da mesma forma, de nada adianta uma estratégia astuciosa sem uma execução competente. Se ambas estão desconectadas, corre-se o risco de produzir o mesmo efeito letal: a empresa caminha para o precipício, e com eficácia.

Ninguém gerencia uma companhia pensando em quebrá-la, obviamente. Todo gestor comprometido trabalha convencido de que está fazendo o melhor pela continuidade de sua empresa. Porém execução e estratégia são indissociáveis para o êxito. Não é possível abrir mão de uma pela outra; é o mesmo que perguntar a um indivíduo se ele prefere viver sem ar ou sem água – ambos são necessários à vida.

Estratégia sem execução não serve para nada. E execução sem estratégia é como navegar sem rumo. Ainda assim, se tivesse que escolher entre apostar no sucesso de uma empresa que construiu uma boa estratégia ou de outra que tem uma execução rápida e afiada, ficaria com a primeira. Acredito mais na capacidade de um bom estrategista para encontrar um bom executor do que no contrário. Além disso, confio mais na autocrítica do estrategista do que na autoconfiança do bom executor para se avaliar como mediano e, a partir daí, buscar seu contraponto e, assim, mais eficiência para o negócio.

Como saber se a execução, supostamente mais simples do que o planejamento estratégico, está sendo bem conduzida em uma organização? Isso só será possível se houver métodos, metas, fases e indicadores ao longo do caminho para atingir os resultados almejados. Porém muitas empresas que conhecemos não fazem planejamento, não valorizam processos e desprezam métodos. A garantia de que a execução correrá bem virá justamente da existência de instruções precisas sobre o que fazer, os recursos disponíveis, os prazos, os riscos envolvidos naquele processo e como contorná-los, assim como a atribuição de responsabilidades.

Para facilitar esse percurso, sugerimos a visualização desses desdobramentos da estratégia e seus respectivos planos para indicar o que é preciso executar de modo a realizar o que foi planejado. Usamos como base um modelo mental como este:

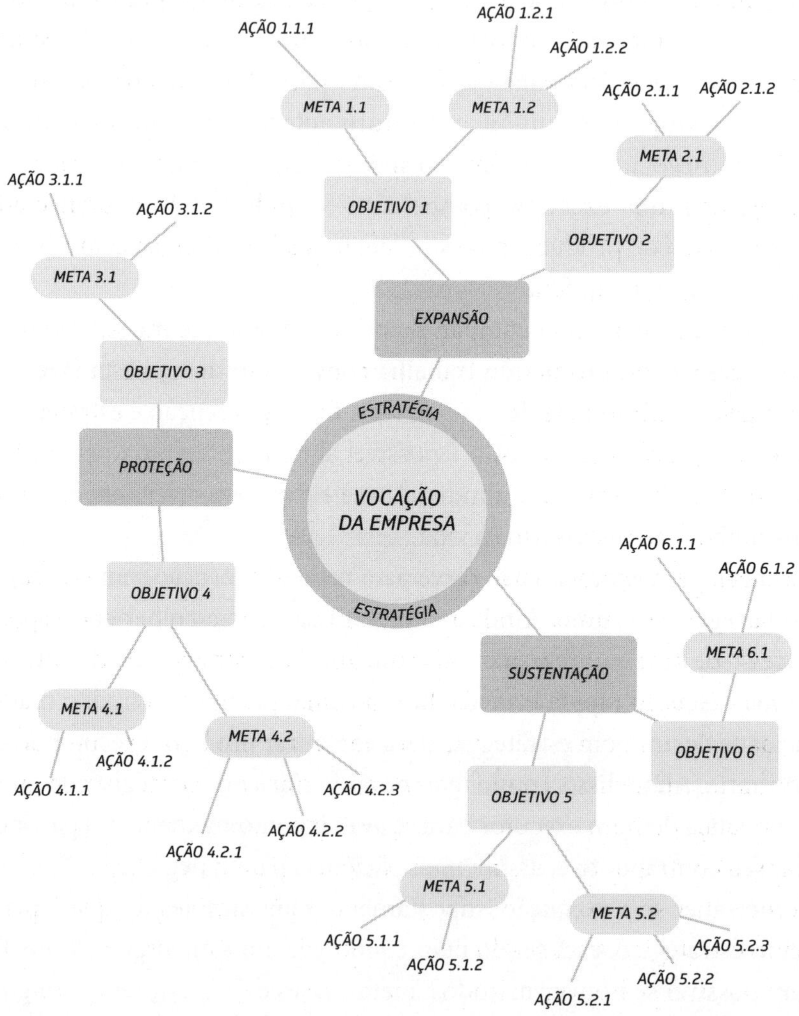

Esse racional deve conter três diretrizes para reflexão que, na prática, sempre ocorrerão simultaneamente. Chamamos a primeira de PROTEÇÃO. Há várias maneiras de proteger o negócio, com direito autoral, metodologia, proposta de valor e outros elementos que podem criar uma barreira de entrada aos competidores de hoje e aos de amanhã. A segunda é a EXPANSÃO, que sinaliza a decisão de ampliar as fronteiras do negócio ano a ano, e a terceira diretriz diz respeito à SUSTENTAÇÃO, ou seja, o que é necessário realizar para se preservar a longo prazo. Não é possível, por exemplo, pensar em expansão quando não se está protegido. Da mesma forma, não existe sustentação se não houver expansão.

O objetivo de toda empresa é crescer regularmente por décadas, protegendo-se ao longo dessa jornada. Sendo assim, o que uma organização deve fazer para se proteger, se expandir, se sustentar? Essa informação deriva do planejamento estratégico e vai gerar um conjunto de ações que precisarão ser executadas em um encadeamento orgânico.

Por que abordamos neste bloco a questão da importância de métodos, processos, objetivos e metas? Porque, apesar de tanto se falar na execução benfeita e na sua supremacia em relação à estratégia, muitas vezes nem mesmo a execução é tratada com o cuidado necessário.

Vale lembrar que a execução traz resultados imediatos, enquanto a estratégia pede um horizonte de tempo para se mostrar acertada (ou não), é complexa, envolve capacidade de julgamento, aciona uma quantidade de variáveis enorme e vem embalada em incertezas. Ainda há muitos gestores que temem pisar nesse terreno e concentram-se na execução. Por exemplo, é muito mais confortável aumentar a produção de instrumentos de escrita (lápis e canetas) porque há mais crianças nas escolas do que pensar se no futuro será necessário utilizar esses instrumentos no mercado em larga escala.

Quem nunca viu, em reuniões que supostamente deveriam tratar de planejamento estratégico, alguém dizer: "Não vamos mergulhar nisso. Neste momento estamos com muito foco em execução e vendas."

"Foco na execução de quê?", pergunto. A empresa está caminhando para onde? O que as vendas têm a ver com a estratégia? A resposta muitas vezes é esta: "É que estamos crescendo."

Sigo fazendo as perguntas inevitáveis: quanto tempo deve durar esse ciclo de crescimento? Ele é sustentável?

Silêncio.

Sem falar nas empresas que não priorizam nada – nem estratégia nem execução. Essas são levadas a esmo pelas intempéries do mercado ou pela volúpia dos empresários e executivos.

É inteiramente possível conjugar esses dois aspectos vitais para qualquer organização. E, para implementar as duas de maneira harmoniosa, é importante responder a três perguntas:

1. Onde a sua empresa estará daqui a 20 anos e o que fará este ano para chegar lá?

Sem equacionar de maneira simples essa questão desconcertante por sua complexidade, como a organização poderá ter uma execução eficiente e eficaz? Sem um direcionamento claro, qualquer decisão envolvendo execução pode estar errada. Como pode haver execução magistral sem essa projeção de futuro? O que se está executando? Trata-se de uma pergunta fundadora do ponto de vista da estratégia e que não pode ficar sem uma resposta convincente.

2. Tenho os requisitos necessários para executar essa estratégia?

Suponhamos que a resposta à primeira pergunta tenha sido claríssima: a empresa sabe exatamente aonde quer chegar. Porém, dos pontos de vista organizacional, operacional, tecnológico, de pessoas e de recursos de capital, ela tem condições de realizar essa travessia?

Muitas das teorias do ambiente organizacional bebem na fonte da guerra, uma das atividades mais primitivas da espécie humana. A arte da guerra é milenar, assim como o branding. Em uma guerra, primeiro se desenha uma estratégia, a qual, por sua vez, dará ensejo a uma série de ações táticas e operacionais. Recursos serão necessários; cada um dos envolvidos terá uma missão. É evidente o paralelo com as estruturas responsáveis pela execução de um planejamento estratégico empresarial.

Por fim, a terceira pergunta, essencial:

3. Para quem a empresa opera? Dito de outra maneira: hoje, a empresa está focada em quem?

Deveria ser no cliente. É?

COMO FAZER A EMPRESA CUMPRIR O QUE FALA

O objetivo da aplicação de todas essas metodologias e ferramentas é fazer com que a empresa cumpra o que fala, tradução de uma das assinaturas da minha consultoria, SONNE: *Making your business walk the brand you talk*. Deve-se manter a gestão em linha com o plano de negócios, o plano de comunicação e a identidade da marca, de maneira a fortalecer a companhia, a própria marca e as pessoas que fazem parte da organização, criando um processo virtuoso, cíclico e sinérgico capaz de produzir experiências de marca cada vez mais ricas e cativantes.

A gestão, como já dissemos, é o elo desconhecido do ABOVE ALL©. Quando uma organização se torna consciente dessa causalidade, é possível construir novas relações em todos os níveis do negócio, com reflexos positivos na cadeia de valor.

No caso da Onodera, por exemplo, o olhar afiado permitiu uma imersão nas boas práticas dos franqueados que tinham melhor desempenho, resultando disso um guia que passou a orientar todos os demais. Esses franqueados bem-sucedidos tinham encontrado soluções criativas e eficientes para problemas do dia a dia, porém até então agiam isoladamente, sem uma orientação central. Sob a influência de uma gestão unificadora, puderam compartilhar seus aprendizados com os demais, trazendo benefícios para toda a rede e validando meu pressuposto de que, em geral, uma empresa tem internamente todas as respostas de que necessita para solucionar seus problemas. É preciso apenas encontrá-las.

Sabemos que o branding é um processo ininterrupto e que acontece todos os dias, independentemente de planejamento formalizado. No entanto, quando ele é planejado, estruturado e alinhado, produzirá seus melhores efeitos e trará os melhores resultados.

PARTE IV

Marketing: reaprendendo uma disciplina fundamental

10
Marketing não é sinônimo de publicidade

Da década de 1970 ao início dos anos 2000, o Brasil consagrou-se como um dos maiores celeiros de profissionais de publicidade e propaganda do mundo. Daqui saíram publicitários geniais e para cá vieram centenas de prêmios importantes nessa área nos últimos anos, com uma média de 100 Leões por ano no festival de Cannes, na França, a premiação mais importante da publicidade mundial.

A criatividade e a característica inovadora dos profissionais brasileiros são indiscutíveis. O modelo de negócio que os mantém, no entanto, está em xeque. Na verdade, está agonizante, respirando por aparelhos, e essa situação terminal afeta profundamente o processo de branding. Vale lembrar que nas últimas décadas as agências de publicidade e propaganda se autoproclamaram as grandes construtoras de marcas, celebridades e tendências. No entanto, cometeram o erro crucial de ignorar a gestão empresarial. O conceito que você está aprendendo aqui tem o mérito de aproximar o marketing da gestão e ainda do design, compondo o tripé essencial para qualquer estratégia bem-sucedida de negócios e consolidação de branding.

O marketing tem sua bíblia, e ela foi escrita pelo economista americano Philip Kotler em 1967. O clássico *Administração de marketing* segue como leitura obrigatória para aqueles que desejam compreender a publicidade como disciplina do marketing, mesmo em tempos digitais. Todos os grandes conceitos estão lá: segmentação, portfólio de produtos, canal, praça, análises e pesquisas, preço, posicionamento mercadológico e muito mais. O mercado brasileiro, no entanto, pouco se vale desses parâmetros. Criou uma mecânica própria, baseada no binômio ego-financeiro, que desconsidera o melhor para o cliente. E por isso está morrendo.

INVESTIMENTO EM COMUNICAÇÃO E RETORNO FINANCEIRO

É possível situar a origem do processo que levou o marketing brasileiro ao atual estágio pré-falimentar no início dos anos 1990, quando, já democratizado, o Brasil abriu a porta para bens vindos do exterior. Graças a isso, começou a formar um consumidor crítico, ansioso por adquirir produtos que até então só estavam disponíveis para quem tomasse um avião e desembarcasse em outro país. Na guerra para seduzir esse consumidor, a publicidade brasileira se esmerou. Profissionais brilhantes e que já tinham carreiras destacadas, como Washington Olivetto e Nizan Guanaes, tornaram-se celebridades – e não apenas no universo onde atuavam e circulavam.

Ainda assim, menos madura do que em outros países, como os Estados Unidos, a publicidade brasileira desenhou para si mesma um modelo de mercado com características muito peculiares, especialmente no que diz respeito à forma de contratação e remuneração.

Em síntese, as agências de publicidade são remuneradas de três maneiras: por meio de comissão sobre o volume financeiro investido por cada cliente; pelo BV (bônus sobre volume), percentual da somatória dos investimentos de todos os clientes em determinado veículo anualmente; e por uma taxa de administração de terceiros. Os percentuais podem variar, mas a praxe de mercado é que as comissões fiquem em torno de 20% do total, o BV em 5% e a taxa de administração em 15%. Esse modelo de monetização foi definido e validado pelo Conselho Executivo das Normas-Padrão (CENP), entidade criada em 1998 pelos principais agentes econômicos do mercado publicitário brasileiro. No fundo, o objetivo era assegurar que as regras desse sistema se perpetuassem, criando uma espécie de reserva de mercado. Essa reserva impediu, e continua impedindo, que empresas conhecidas como birôs de mídia e os próprios anunciantes negociassem e operassem a compra e venda de espaços publicitários sem a intermediação de uma agência.

Interessante expor que o modelo descrito brevemente acima é burlado pelas próprias agências, que oferecem a seus clientes (anunciantes) dois outros submodelos de remuneração: um pelo pagamento de taxas mensais calculadas com base no volume financeiro que será investido em publicidade, porém sem que haja oscilação ou sazonalidade no ano; e outro em que parte dos valores relativos às comissões sobre investimento, aos BVs e às comissões de terceiros é negociada com cada cliente (anunciante) em percentuais por vezes muito abaixo das regras estabelecidas pelo CENP. Lembrando que se trata de uma entidade privada à qual a maioria das grandes empresas do setor é associada.

Há até empresas e agências que pagam e recebem comissão mutuamente por se indicarem umas às outras para clientes – o que pode onerar as operações deles de forma não transparente.

Isso fez com que no Brasil, diferentemente do que ocorre em quase todos os países, não existissem grupos de mídia especializados na compra de espaços junto aos veículos de comunicação. Empresas e marcas nunca puderam negociar livremente esses espaços para suas campanhas de comunicação. Em um mercado fervilhante como o brasileiro, esse modelo ajudou a alimentar o surgimento de grandes e poderosas corporações globais de publicidade, com faturamentos que mesmo em tempos críticos costumam se situar na casa dos dois dígitos – de bilhões de dólares.

Como se pode imaginar, isso resulta, muitas vezes, em valores inflacionados. As cifras que constam das "listas de preços" disponibilizadas por veículos de comunicação estão longe de representar o que de fato se investe em publicidade e o que seria a receita real de uma agência de publicidade nos termos e preceitos empresariais universais. Isso ocorre porque o maior percentual do montante financeiro explicitado se liquefaz em descontos concedidos às agências ao longo das negociações das campanhas de seus clientes. Simplificando: o faturamento de uma agência não é a receita que ela de fato computa, mas o valor de tabela referente ao total de mídia negociado com veículos de comunicação em nome de seus respectivos clientes anunciantes. Seria, grosso modo, o valor agregado dos modelos que descrevi anteriormente.

É fácil imaginar quem pagava os maiores valores às agências: os veículos de massa, notadamente as grandes emissoras de televisão e rádio, os jornais e as revistas. Eles cobravam mais por seus espaços publicitários, portanto as comissões destinadas às empresas de publicidade eram mais polpudas.

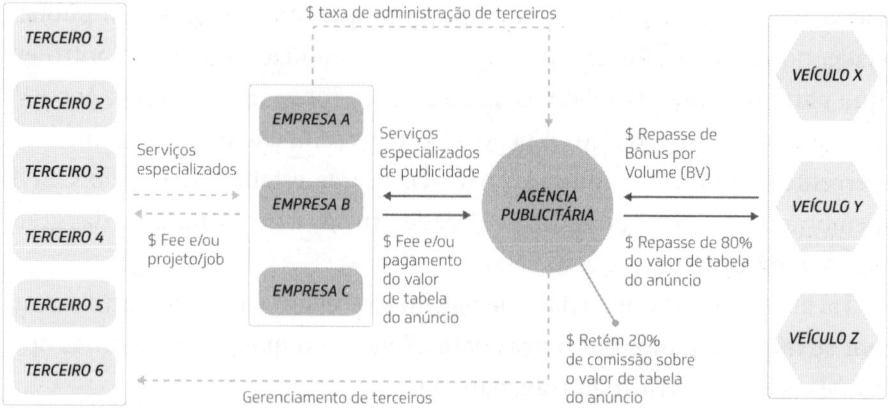

Qual é o problema desse modelo de negócio?

Antes de mais nada, esse era um mecanismo quase secreto. Ainda hoje, arrisco-me a dizer que a maioria dos executivos e empresários simplesmente não tem conhecimento dessas práticas e de como elas influenciam a apreciação e o julgamento daquilo que lhes é proposto por agências de publicidade. No início de 2019, o governo federal ensaiou investidas contra o BV e os modelos de remuneração das agências. Não acredito que essa seja a solução; confio na plena capacidade de autorregulação do mercado para equacionar a questão por meio de um diálogo franco e transparente.

Muitas vezes já me perguntei se esse modelo desarmônico não teria afetado a construção de marcas brasileiras globais e longevas. O marketing, como sabemos, é um pilar fundamental do branding.

Outro problema do modelo é: quem pagava as maiores comissões levava a verba do cliente.

E isso não significava, necessariamente, que aquele veículo era o mais adequado à comunicação do cliente. Muito menos para o seu negócio. Havia, no meu entender, um claro conflito de interesses envolvendo a verba da empresa contratante dos serviços, as formas de remuneração da agência e até a notoriedade do publicitário, mais preocupado em criar campanhas memoráveis e conquistar prêmios do que em impulsionar o negócio do cliente sob uma perspectiva de construção de marca ao longo do tempo.

Creio que chegou o momento de refletir sobre isso. O modelo desenvolvido no Brasil não tinha como único compromisso o resultado do negócio. Gastava-se desmedidamente, sem qualquer aferição crível de resultados. As agências não se aprofundavam nas reais necessidades do público de seu cliente, mas nos fatores e gatilhos que pudessem ser acionados com mecanismos de manipulação e geração de demanda pontuais.

Imaginemos, por exemplo, uma marca que tem 1 bilhão de reais (a valores de tabela de preços) para investir em comunicação. A postura correta do profissional da publicidade deveria ser questionar: será mesmo necessário investir essa montanha de dinheiro? Será que, caso se investisse meio bilhão em comunicação e a outra metade na estrutura operacional das lojas e em treinamento e desenvolvimento da equipe, o resultado não seria melhor, porque aprimoraria a experiência com a marca?

Poucas agências, a meu ver, tinham esse olhar e sugeriam estratégias diferenciadas para alocação de verba e conquista de objetivos. A maioria trabalhava para aumentar o valor que seus clientes gastavam em comunicação. Certa vez, ouvi de um executivo de agência que a primeira orientação para agendar reunião com novos clientes era descobrir o montante orçado para comunicação. Se fosse, à época, inferior a 6 milhões de reais, aquela agência nem sequer se dignava a marcar a reunião.

Graças a esse modo de operar, vitorioso até meados dos anos 2010, profissionais da publicidade colocavam-se entre os maiores salários do mercado brasileiro. Todos pareciam satisfeitos com o modelo que, hoje, está doente e pede reformulações urgentes.

Se pareciam satisfeitos, era porque durante muito tempo não houve consequências dramáticas. Mesmo com vários momentos de turbulência na economia, o Brasil crescia, nosso mercado amadurecia, empresas ganhavam dinheiro e agências de publicidade faturavam muito dentro de "regras" que já eram bem conhecidas - e jamais questionadas - por todos os que se beneficiavam, direta ou indiretamente, do sistema.

Publicitários com carreiras estelares faziam jorrar no mercado as verbas de seus clientes, sempre com a mesma piadinha: "Você sabe que 50% do dinheiro que investe em comunicação vão funcionar, e os outros 50%, não. A diferença é que você nunca sabe quais são os 50% que funcionarão." Na sala de reuniões, o cliente dava um sorriso amarelo. Mas esse sistema era visto quase como natural.

Justiça seja feita, muitos clientes também impulsionaram suas carreiras executivas e se autopromoveram às custas dessas campanhas publicitárias. A verdade nua e crua é que todos ganhavam, menos os que realmente pagavam a conta.

É esse modelo que precisa ser repensado. Motivos, há vários. O principal é que o cenário de crise dos últimos anos obrigou as empresas a rever seus investimentos em comunicação e a atrelá-los a resultados econômico-financeiros. Já não há dinheiro como antes. Além disso, hoje existem métricas para tudo, e aquela conversa dos 50% que funcionam (ou não) deixou de ser tolerada nas reuniões de diretoria: com inteligência e boas ferramentas de acompanhamento e medição por indicadores, é possível saber exatamente o que funciona ou não.

Empresas como Itaú, com auxílio de consultorias estratégicas, conceberam as próprias ferramentas de medição do retorno sobre o investimento (ROI). A situação é bem diferente dos tempos em que fomos procurados por uma grande empresa que, na ocasião, possuía uma das maiores bases de fãs do Facebook, cerca de 6 milhões de pessoas, mas cuja maioria não era cliente ainda. Quando pedimos para conhecer o plano de comunicação que vigorava na época, descobrimos que não havia nenhuma ação envolvendo essa rede social. No entanto, existia farta publicidade na televisão e em pontos de ônibus. Milhões haviam sido gastos, mas ninguém sabia dizer se o "investimento" tinha dado um mínimo de retorno. O relatório apresentado pela agência era esteticamente lindo, mas não respondia às questões essenciais.

É esse o tipo de comunicação que nunca deveria ter feito sentido mas que, em tempos de métricas avançadas, tornou-se escancaradamente nefasto.

MARKETING NA ERA DIGITAL: NOVOS CANAIS, UMA SÓ COMUNICAÇÃO

Distorções assim ocorrem todos os dias, ainda hoje, porém vêm diminuindo. Muitas agências continuam com seus negócios aprisionados no modelo de comissão, BV, taxa de administração e repasses, mas cresce a consciência de que o público-alvo já não está nos grandes veículos de massa. Está disperso, navegando por blogs e sites, informando-se por mídias sociais, manejando demandas pelo teclado do celular e por voz, graças a assistentes como Siri, da Apple, Cortana, da Microsoft, e Alexa, da Amazon.

Os canais de comunicação proliferaram em escala exponencial. Hoje, pelo poder das mídias sociais, qualquer pessoa pode ter uma influência tão grande junto a seus seguidores quanto um anúncio de televisão no passado recente. Uma linha de celular torna-se um veículo de comunicação, acionado incontáveis vezes todos os dias em todos os lugares do mundo. Um serviço de streaming de música, um aplicativo para solicitar refeições ou uma plataforma de mensagens instantâneas também podem ser. Isso trouxe ao marketing um nível de complexidade que não era possível imaginar alguns anos atrás.

No mundo pós-guerra, inaugurando a era dos serviços que se fortaleceria nas décadas seguintes, a comunicação levava mensagens sobre produtos que nem sempre estavam disponíveis ou que haviam chegado pouco tempo antes ao mercado: carros, televisores, rádios. O ambiente era propício e fértil para novidades. Há apenas uma década e meia, tínhamos no máximo uma dúzia de canais, sendo os principais TV, rádio, outdoor, jornal, revista e telemarketing. Não havia blogs nem YouTube e, por extensão, tampouco as profissões de blogueiro e youtuber. No nosso tempo, a competição pode ser comparada a uma corrida de Fórmula 1, em que mal vemos o carro passar e ele já está muito à frente. Não há mais a possibilidade de lançar produtos de boa qualidade com zero de concorrência.

Em algum momento do passado recente, o mundo do marketing percebeu o tamanho do tsunami. Operando no modelo antigo, as agências não conseguiam mais atender ao novo cenário. Diante das dificuldades para fazer frente à nova dinâmica, muitas deixaram de atender satisfatoriamente empresas e marcas que necessitavam de uma comunicação estruturada de modo mais sistêmico e complexo. Na prática, essa seria uma missão para as empresas que trabalham a comunicação: agências de propaganda e publicidade, de relações públicas e assessorias de imprensa. Mas nem sempre elas davam conta da tarefa. Para cobrir esse vácuo, surgiram, num primeiro momento, as agências que se autodenominam "digitais". Em seguida, os grandes grupos internacionais de publicidade também começaram a oferecer a seus clientes uma área (supostamente) digital. Hoje em dia, o que se vê são agências que oferecem todos os serviços aos clientes, considerando que não há mais a barreira entre digital e analógico e que tudo é comunicação. Deveriam estar empenhadas em mapear (mas nem sempre estão):

- Que problema precisa ser resolvido e o que o causou;
- Com quem o cliente quer se comunicar;
- Qual o interesse desse público na marca;
- Qual o papel desse público no contexto;
- Em que momento da jornada a empresa deseja se comunicar com o cliente;
- Que mensagem gostaria de transmitir;
- Qual é o conteúdo da mensagem e a retórica dessa comunicação.

A resposta a essas e outras indagações determinará o canal de acesso ao cliente, que poderá ser a televisão – ou o Twitter; o rádio – ou o Spotify; ou qualquer outra mídia social que venha a surgir no futuro.

Esse quadro vem obrigando as agências a uma mudança de conduta. Se há poucas décadas um grande nome da publicidade brasileira declarou que a diferença entre as agências e as consultorias era que as primeiras tinham sex appeal, hoje as agências começam a se definir como... consultorias – também. Apresentam-se como capacitadas a pilotar inteligência de mercado, estratégia empresarial e o que mais for preciso para melhor atender ao cliente. O antigo sistema perdeu seu brilho. Pior, passou a despertar repulsa em muitos diretores. Hoje, fala-se em visão global do negócio do cliente. Finalmente se considera importante agir de maneira responsável com o dinheiro de terceiros.

No entanto, é inevitável perguntar: quantas empresas morreram porque o dinheiro foi mal investido? Quantos empregos foram perdidos? Quanto potencial de mercado foi desprezado ou desperdiçado porque os profissionais incumbidos de investir as verbas de comunicação da melhor maneira possível não olharam para o negócio de seu cliente – apenas para o próprio negócio?

As agências têm um papel fundamental no processo de comunicação e de construção de uma marca. Minha crítica diz respeito ao que deveria ser o melhor uso da verba do cliente. Em algum momento, a construção de marca precisa se refletir no resultado organizacional, pois não existe comunicação sem negócio sustentável. Qual foi o retorno sobre o investimento da ação? Já se pagou?

É preciso que a comunicação atue de modo integrado com a gestão e com o design, todos perseguindo resultados com um objetivo comum. Empresas que fazem esse casamento entram em um ciclo de sustentabilidade e de crescimento mais vigoroso, porque conseguem extrair o máximo potencial dos ativos que estão trabalhando em prol do negócio.

11
Comunicação integrada

A maioria das grandes e médias empresas contrata separadamente agências de publicidade, de assessoria de imprensa e relações públicas, de eventos, ativação de marca, trade marketing e gestão do relacionamento com o cliente, todas prestadoras de serviços. Quase sempre, porém, essas agências nem se falam. Em teoria, deveria haver alguém dentro da organização transmitindo a mesma orientação para esses prestadores de serviços especializados, levando-os a atuar em harmonia e em prol dos mesmos objetivos. No entanto, é raro que isso aconteça. Essa comunicação fragmentada pode não chegar aos públicos escolhidos, ou chegar truncada, enviesada ou levando mensagens dicotômicas.

O que aconteceria se uma empresa ou marca conseguisse elaborar e pôr em prática um plano de comunicação abrangente e integrado? Imaginemos uma pessoa que pesquisou em sites de compras uma bolsa para usar em um evento no fim de semana seguinte. Pela manhã, ela despertaria pensando no modelo de que mais gostou. A caminho do escritório, receberia, por celular, uma mensagem de texto com uma oferta individualizada, gerada a partir da pesquisa da noite anterior. No escritório, abriria uma revista e daria de cara com um anúncio da marca. No rádio, a caminho do shopping, ouviria uma entrevista com um especialista afirmando que aquela marca antecipa tendências e vem ganhando destaque no segmento. Ao entrar na loja, essa pessoa seria atendida maravilhosamente.

Para que essa comunicação integrada seja realidade em qualquer companhia, propomos uma metodologia que traz para a mesma página todos os profissionais que atuam com o olhar do marketing. Porque ninguém faz branding sozinho.

A ESPIRAL ELEMENTAR DO MARKETING

A nova dinâmica das relações de comunicação pede novas ferramentas de trabalho. A ESPIRAL ELEMENTAR DO MARKETING envolve a definição e o mapeamento de públicos que serão trabalhados na comunicação e no relacionamento da marca. Uma vez realizados esse mapeamento e segmentação, definem-se as questões ancoradas na estratégia em relação à inteligência de mercado, às diretrizes de comunicação e de relacionamento e à forma como serão mensurados as ações e os resultados, para comprovar a eficácia e a efetividade de cada medida junto a cada público. Não por acaso, o desenho da ferramenta evoca a ideia do movimento de entrada e saída de informações, em fluxo constante e contínuo.

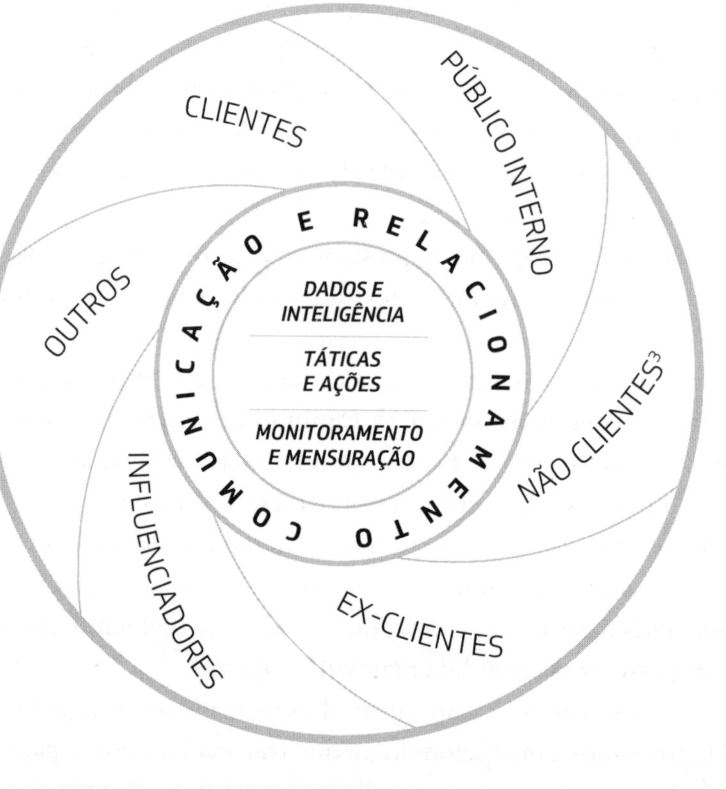

Essa metodologia se apoia na constatação de que o elemento mais importante do plano de comunicação e de relacionamento de uma empresa

são os públicos – as pessoas e entidades com quem ela vai interagir, tanto interna quanto externamente. Esse é um estudo importante para decidir toda uma cadeia de ações que trará resultados efetivos para a organização. É a partir dessa definição que poderemos determinar os canais, o fluxo da comunicação e os tipos de ação. Exploremos melhor alguns desses públicos:

- ***Público interno:*** pessoas dentro da organização com quem é preciso compartilhar o planejamento estratégico para potencializar resultados.
- ***Clientes:*** aqueles que consomem o produto ou serviço, pagando ou não por ele.
- ***Ex-clientes:*** indivíduos que conhecem o produto ou serviço, já tiveram contato com ele e deixaram de utilizá-lo por razões que podem ser conhecidas por meio de pesquisas.
- ***Não clientes que desconhecem o produto ou serviço:*** existe potencial para que se tornem clientes após exposição ao produto ou serviço.
- ***Não clientes que consomem o produto ou serviço de concorrentes:*** podem pagar ou não por ele.
- ***Não clientes que a empresa não deseja ter como clientes:*** segmentos com os quais a organização não pretende se envolver. Por exemplo, há empresas que não desejam fazer negócios com o setor público, com empresas que façam testes de produtos em animais, com companhias que não sejam socialmente responsáveis, etc.
- ***Influenciadores:*** pessoas que utilizam seus canais de comunicação (TV, rádio, canais no YouTube, blogs, colunas de jornal e revista, entre outros) para disseminar suas opiniões. Fazem boca a boca dos serviços ou produtos ou podem detratá-los.
- ***Outros:*** parceiros estratégicos, entidades governamentais, famílias, etc.

Em meu trabalho junto à rede de clínicas de estética Onodera, por exemplo, a identificação de todos os públicos permitiu uma comunicação direcionada, clara e de resultados: clientes, *suspects* e *prospects*, parceiros estratégicos, associações de classe, concorrentes, fornecedores, ex-clientes, formadores de opinião, instituições de ensino, etc. O quadro a seguir mostra o fluxo de comunicação voltado para o público de clientes.

Onodera
estética

Quem vai receber a mensagem?	→	Qual é o objetivo desse canal	→	Qual é o objetivo desse canal	
↓		↓		↓	
CLIENTES		DIVULGAR		OFFLINE	ON-LINE
		INFORMAR		feiras e eventos	aplicativos / banner digital
		ATRAIR		folhetos	e-mail marketing / Instagram
		RELACIONAR		loja	Facebook / Reclame Aqui
				mala direta	mídia digital out-of-home / sites parceiros
				mídia impressa	site / YouTube
				atendimento	folder/flyer / vlog/blog
				workshops e cursos	link patrocinado / e-magazine
					central de atendimento

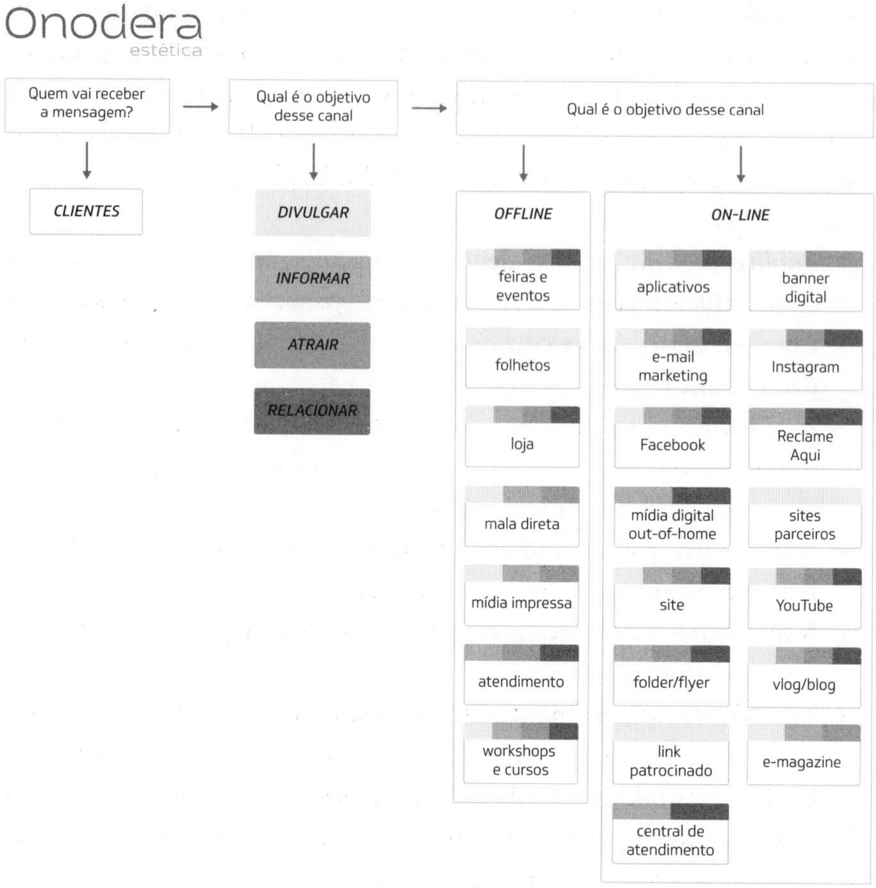

Para cada público, à maneira do que fizemos para os clientes, elencamos o tipo de relacionamento, os objetivos da Onodera para aquele grupo específico e a expectativa desse público em relação à empresa. Tomemos o exemplo do *suspect*, pessoa que mantém uma relação passiva com o produto ou serviço e, portanto, é suspeita de poder se tornar um comprador. O objetivo da empresa é lhe apresentar seus produtos e serviços, disseminando a ideia de que a beleza está ao alcance de todos. Se essa meta for atingida, o *suspect* pode se transformar em um *prospect* – um buscador ativo de informações. Já na relação com seus parceiros estratégicos, a Onodera visa usar a marca do parceiro em benefício próprio e ter acesso a novos *suspects*.

O que queríamos com esse extenso mapeamento?

Tínhamos identificado que, até aquele momento, o foco maior da área de marketing da Onodera era no curtíssimo prazo e voltado para a conversão de vendas, deixando para segundo plano a comunicação e o relacionamento com seus diferentes públicos. Com isso, não havia um posicionamento mercadológico harmônico para atingir objetivos e fortalecer a marca em seu mercado de atuação. A ausência de critérios para atuar com diferentes públicos gerava dissonâncias e impacto negativo.

Uma vez realizado esse diagnóstico, sugerimos conduzir a comunicação de tal modo que a marca fosse percebida como referência em beleza e estética, ponto crucial para a perenidade do negócio. Uma mensagem única e coesa, transmitida em linguagem padronizada, seria – e foi – o melhor caminho para a disseminação de sua vocação e o engajamento dos públicos.

—

O conceito ABOVE ALL© ancora-se em amplas análises e pesquisas que devem ocorrer em dois grandes momentos. O primeiro está previsto na ESTRATÉGIA DOS TRÊS PILARES. Nele, observamos a concorrência, o cenário macroeconômico, as tendências, o comportamento e os benchmarks. A produção de conhecimento destina-se a atender às exigências do plano de negócios, ou seja, definir modelo de negócio, posicionamento mercadológico, proposta e identidade de marca. Estamos falando de estratégia pura.

O segundo momento de produção de análises e pesquisas integra a ESPIRAL ELEMENTAR DO MARKETING e está descrito no círculo central da figura como "dados e inteligência" (*ver página 148*). Aqui, as análises e pesquisas têm como objetivo atender às exigências do plano de comunicação e de relacionamento. Também estudaremos a concorrência. Porém, em vez de nos determos em seu modelo de negócio, olharemos como se comunica, que plataforma utiliza, qual é o tom de sua comunicação. Avaliaremos o cenário macroeconômico em busca de novos competidores e com a intenção de prever como a economia pode influenciar os orçamentos destinados às ações de comunicação e relacionamento com o cliente. Afinal, em uma crise, inevitavelmente haverá limitações de verba ou, para alguns segmentos que operam em oposição a essa lógica, aumento.

A inteligência produzida sob o guarda-chuva dessa metodologia dará subsídios para a concepção dos planos de comunicação interna e externa.

Cada público pede uma mensagem clara e específica, transmitida por meio de ações de engajamento e relacionamento. É necessário fazer o monitoramento dos resultados dessas ações. Ao mesmo tempo, o mapeamento e a mensuração do conhecimento produzido ajudam os gestores de marketing a tomar decisões mais racionais e embasadas. Ao contrário do que possa parecer, isso não limita a sagacidade e a engenhosidade das campanhas. Pensar (ou não) de forma racional e inteligente não tem nada a ver com ser (ou não) arguto e criativo.

Em 2015, durante meus estudos sobre a Medcel, detectamos que era preciso melhorar a comunicação, até então muito tangível e descritiva, pois se limitava a apresentar os produtos de EaD e destacar os preços atrativos em relação à concorrência. Uma análise mais meticulosa do perfil do aluno da Medcel e da narrativa dos competidores identificou a necessidade de uma comunicação com um apelo mais emocional, em sintonia com o momento de vida que aproximava o estudante da empresa.

A partir dessa constatação, a Medcel criou uma linguagem que levava em conta a jornada de seu público ultrassegmentado. Ao reconhecer que esse é um período árduo, a empresa estabeleceu com seus clientes uma comunicação profundamente empática: "Eu, Medcel, entendo o que você enfrentará nos próximos anos, após ser aprovado na residência. Entendo o sacrifício que você fará hoje para salvar vidas no futuro e estou aqui para ajudá-lo nesse momento de dedicação e estresse."

Ou seja, usar mais emoção na comunicação foi uma decisão racional, tomada com base em dados e pesquisa. Acreditamos que muito do sucesso das campanhas de vendas que sucederam esse ponto de virada adveio da nova linguagem construída e do profundo entendimento de quem era o cliente.

COM CADA PÚBLICO UMA CONVERSA

Há várias maneiras de criar ações de relacionamento eficazes. Uma delas, bastante popular e eficiente, consiste em obedecer a três calendários: o de mercado, o da marca e o de oportunidade ou de "sequestro" – da expressão em inglês *news jacking*.

Os calendários são essenciais na definição de ações porque produzem expectativa e recorrência. E poucas empresas empregaram melhor essa ferramenta de marketing do que as emissoras de televisão. Ao encadear suas atrações umas às outras, desatrelando-as de horários ("Depois do telejornal x, assista à novela y"), elas mantêm seu público atento à programação. Essa previsibilidade atende a uma demanda por conforto e recorrência que é característica da natureza humana. Ao criar grades fixas, as emissoras inventam um calendário próprio e sedutor, que se soma aos que descreveremos a seguir.

O **calendário de mercado** vale, em geral, para todo um segmento de negócios. No caso do varejo, há que se considerar, entre outras datas, a volta às aulas, o Dia das Mães, o Dia dos Namorados, o Natal. Para uma empresa de serviços, observam-se, por exemplo, as grandes feiras do setor, os eventos das entidades de classe e assim por diante. Cada uma dessas datas ou períodos enseja uma ação própria ou um conjunto de ações a ser definido dentro do escopo de públicos e objetivos.

Nem todas as empresas possuem um **calendário da marca**. Deveriam. Quando ele se cristaliza no imaginário (e na agenda) de seus públicos, torna-se fator de expectativa e de recorrência, fortalecendo o negócio. Alguns exemplos desse tipo são o aniversário da companhia, um encontro global, a publicação de um relatório trimestral ou quadrimestral, entre outros eventos particulares daquela organização potencialmente atraentes para seus públicos. Todos os anos a Apple faz sua conferência de apresentação dos lançamentos, com presença do presidente da companhia, e a ocasião é esperada com ansiedade por todo o mundo da tecnologia. É nesse tipo de evento que consiste o calendário da marca.

Nas brechas entre os calendários tradicional e da marca, surgem situações que abrem espaço para o **calendário de oportunidade ou de "sequestro"**. Ele cumpre o objetivo de fortalecer o negócio e muitas vezes tem custo zero, resultando em ações pontuais que, naquele momento, ganharam exposição diante de seus públicos de interesse. Em maio de 2017, por ocasião das delações premiadas da JBS, que expuseram o então presidente da República Michel Temer, o perfil do Twitter da série *House of Cards*, da Netflix, postou um comentário irônico a partir do sequestro das notícias: "Tá difícil competir." A publicação, que relacionava as mazelas da política brasileira e a trama do seriado que tem como tema os bastidores da política americana, foi feita duas semanas antes da estreia da nova temporada e, de forma astuta e oportuna, serviu para criar expectativa. Enquanto os dois primeiros calendários prezam pela definição, este último é essencialmente indefinido, dependendo apenas de um radar atento às oportunidades.

As ações que resultam desses calendários produzem vínculo e recorrência, posicionam, atraem, repelem e mantêm a marca sempre presente no dia a dia de seus públicos.

É possível afirmar que todos esses componentes da comunicação com o público externo valem também do ponto de vista do público interno. Ações, calendário, canais, fluxo e objetivos devem ser constantes na comunicação entre a cúpula de uma organização e sua rede. Na representação gráfica do ABOVE ALL©, a comunicação com o público interno situa-se na interseção entre o marketing e a gestão.

O público interno é o primeiro porta-voz da marca e da cultura de uma empresa. Quer sejam funcionários, quer fornecedores, são também seu primeiro canal de comunicação, levando mensagens sobre a marca, sobre como a empresa funciona, seus valores e suas práticas cotidianas, os grandes objetivos em relação à sociedade, os diferenciais em relação à concorrência e o papel de cada indivíduo no cumprimento da missão. Se uma empresa tiver 5 mil colaboradores e cada um falar sobre sua organização com 10 pessoas, tem-se uma ideia do potencial de disseminação das mensagens por meio desse canal tão primal de comunicação.

Vale lembrar que o processo de comunicação interna é ininterrupto e existirá independentemente da formalização e do controle da empresa, da mesma forma que o branding. Empresas, afinal, são organismos pulsantes. Portanto, é importante que a organização se mantenha atenta à comunicação interna e a fenômenos como a famosa "rádio peão", expressão popular que designa a boataria e as especulações dos corredores e cafés das empresas que corroem a sensação de pertencimento que as companhias trabalham tanto para fazer florescer em seus times.

Se a empresa provê os canais de comunicação com seu público interno e se certifica de que o conteúdo e a forma estão adequados, aumenta a probabilidade de que a cultura organizacional disseminada seja a que ela deseja, e não um conjunto de conceitos desamarrados e aleatórios. No entanto, muitos grupos ainda hoje menosprezam a importância da comunicação interna. Conhecemos companhias grandes, com milhares de funcionários, que não têm sequer uma pessoa responsável pela comunicação interna. Nelas, é comum ouvir comentários como "Nossa empresa vendeu uma unidade de negócios e eu só soube pelos jornais" ou "O executivo tal foi contratado para ser nosso diretor e eu descobri por um conhecido".

As ações voltadas para o público interno visam propagar a vocação da organização, a declaração estratégica – para onde a empresa caminha, de tal maneira que todos tenham o mesmo olhar para o futuro –, as metas e o papel de cada colaborador para fazê-las acontecer. Afinal, uma empresa pode ter valores e princípios definidos, mas eles só se transformarão em uma cultura organizacional se as pessoas os conhecerem e praticarem no dia a dia. Para que se consolide, uma cultura precisa ser replicada cotidianamente.

Um plano de comunicação afiado e bem construído considera tudo que ocorre da porta da empresa para dentro e também para fora. Para que ele seja realmente eficaz, é necessário que a organização saiba como pretende se apresentar no futuro, quais são seus objetivos e qual identidade de marca quer consolidar no imaginário de seus públicos. Observe que, no ABOVE ALL©, todas as esferas da empresa se interligam de maneira indissociável: há uma vocação que origina uma estratégia empresarial; esta, por sua vez, vai gerar um negócio, que, teoricamente, tem um plano estratégico para o futuro que envolve uma identidade de marca. É assim que todas as organizações deveriam se posicionar buscando perpetuarem-se em um mundo caótico, não linear e imprevisível.

Apesar da clara importância de haver um plano de comunicação alinhado com a estratégia da empresa, em mais de uma década de consultoria jamais vi um que congregasse todas as atividades de maneira sinérgica, encadeando todos os profissionais, independentemente de sua área de atuação.

O mercado enxerga o plano de comunicação como um elemento externo à empresa e dissociado do plano de negócios, que está no foco interno da organização. É preciso que se compreenda que o plano de comunicação deve estar vinculado ao de negócios. Ele utiliza seu foco externo para captar o que está acontecendo no mundo, mas deve promover mudanças internas.

Há outra falha grave na concepção do plano de comunicação e relacionamento. Em geral, as áreas vinculadas à comunicação, da mesma forma que os departamentos que deveriam compor uma gestão integrada, atuam de modo estanque: há um setor de assessoria de imprensa, uma área de relações públicas, outra de marketing, outra de produção de eventos, outra de organização de ponto de vendas, outra de relações com investidores e assim por diante. O que a maioria das agências faz é identificar os principais públicos, que normalmente são os consumidores. Nessa estrutura, falta um planejamento que governe globalmente a comunicação, indicando com precisão o que deveria fazer cada área, conectando-se com a posição onde a empresa pretende estar nas próximas décadas.

Em nossa consultoria ao Instituto Tênis, reforçamos a importância de construir um bom plano de comunicação e relacionamento com cada uma das partes interessadas. Considerando-se que é uma organização sem fins lucrativos e que depende de leis de incentivo ao esporte, patrocínio de empresas e doações de aficionados, fazia-se necessário um planejamento perspicaz e detalhista.

Graças à metodologia ESPIRAL ELEMENTAR DO MARKETING, foram identificados 28 públicos que fazem parte da cadeia de valor do Instituto Tênis, entre eles o atleta, os pais do atleta, o treinador, o governo federal (que poderia prover verba por meio de programas de incentivo ao esporte), patrocinadores, empresas que poderiam atrelar sua marca ao projeto, empresários que poderiam integrar o conselho contribuindo com sua experiência profissional para a amplificação do trabalho, etc.

EXTERNO	PATROCINADORES	APOIADORES	IMPRENSA	PESSOAS FÍSICAS FÃS DE TÊNIS
	ENTIDADES DOADORAS	ENTIDADES EDUCACIONAIS	FORMADORES DE OPINIÃO	RELAÇÕES-PÚBLICAS
	PARCEIROS ESTRATÉGICOS	ENTIDADES SETORIAIS	CONFEDERAÇÃO	CLUBES
	PARCEIROS OPERACIONAIS	ASSOCIAÇÕES DE CLASSE	FEDERAÇÕES	CENTROS DE TREINAMENTO
	GOVERNO FEDERAL	GOVERNO ESTADUAL	GOVERNO MUNICIPAL	ACADEMIAS
INTERNO	ATLETAS	CONSELHO	EMBAIXADORES DA MARCA	COLABORADORES
	EQUIPE EXECUTIVA	MANTENEDORES	FAMÍLIAS DOS ATLETAS	COMISSÃO TÉCNICA

Pesquisou-se, então, qual seria a melhor maneira de impactar cada um desses públicos, com a mensagem correta, na hora certa e com o conteúdo mais atraente, de modo a atingir o objetivo mais ousado: formar um atleta número 1 do ranking mundial. Com verba praticamente zero, foi criado um amplo calendário de eventos, desde uma reunião anual para apresentar resultados, hoje já na terceira edição, até comunicações diretas com as famílias dos atletas por meio de newsletter, passando por encontros de relacionamento para apresentar o projeto a potenciais apoiadores e parceiros. "Precisávamos de uma boa comunicação com todos os envolvidos, das famílias dos nossos atuais e futuros atletas a possíveis patrocinadores que nos permitissem ampliar esse trabalho. Era fundamental que todos compreendessem a amplitude do nosso projeto", explica Nelson Aerts, o Neco, ex-tenista profissional brasileiro, que é fundador e conselheiro do Instituto Tênis.

Como essas mudanças na comunicação se deram na prática?

O Instituto Tênis era atendido por uma assessoria de imprensa especializada em veículos do universo desse esporte que, naturalmente, recebiam em cheio o impacto de uma comunicação superfocada. Porém, no momento em que a vocação do instituto ficou clara para a equipe executiva e para o conselho de administração, definiu-se um novo modelo de negócio que só se sustentaria no longo prazo com novos patrocínios. Isso exigia a aproximação com outros empresários apaixonados pelo esporte.

Optou-se pela troca da assessoria especializada por outra capaz de mediar contatos com um espectro mais amplo de publicações. Desse movimento resultaram reportagens em veículos de grande penetração, que deram visibilidade ao instituto junto ao público com que desejava se comunicar.

Atualmente, seis anos após a implementação do ABOVE ALL©, a verba de patrocínio do Instituto Tênis cresceu oito vezes e o número de patrocinadores subiu para 37. Após forte investimento na massificação do esporte, ainda em curso, o foco agora está no projeto de massificação *da comunicação*.

"A questão da massificação, a princípio, dividiu opiniões entre nós", explicou Hugo Passarelli Scott, diretor da construtora Passarelli e conselheiro do Instituto Tênis. "Primeiro, a massificação do esporte e, agora, na segunda onda, a massificação do conceito do tênis como esporte que pode conquistar os brasileiros, da mesma forma que o futebol e o vôlei. Alguns acreditavam que essa era uma missão para as instituições que já temos, como as federações e a confederação. Outros viram claramente a necessidade de aumentar o número de jogadores no país mesmo que, em um primeiro momento, não houvesse vinculação com o instituto. Tivemos discussões acaloradas sobre massificar ou não, mas hoje compreendemos que se mostrou um dos pontos positivos do Instituto Tênis."

12
O momento da verdade

Todo processo de comunicação dá origem a um relacionamento. Não é apenas de resultados que se trata: a nova dinâmica das relações de comunicação criou estradas de mão dupla. Quando se constrói uma página no Facebook, é preciso que se esteja pronto para responder aos questionamentos que chegarem por meio desse canal. E às críticas. Há empresas que demoram quatro dias, outras que levam quatro horas e ainda aquelas que em uma hora - ou menos - respondem à postagem de um cliente em suas mídias sociais. Não basta transmitir a comunicação: é preciso também se relacionar com o consumidor ou com qualquer outro público. Mesmo que esse público não vá consumir o seu produto, ele certamente terá um círculo de influência, e deixá-lo sem resposta é sempre arriscado.

De onde virá a orientação para a comunicação e o relacionamento com o cliente ou com outros públicos?

Da gestão. Mas a poucos ocorre que a gestão tem impacto direto nos resultados, no planejamento estratégico, na identidade e na experiência de marca. As agências - ao menos a maioria delas - não se prepararam para executar um planejamento estratégico que dê origem a um plano de comunicação e relacionamento compatível com as novas dinâmicas de mercado. As consultorias - de novo, ao menos a maioria delas - não têm repertório para criar planos de comunicação alinhados com uma gestão estratégica e perceptiva.

Ao propor um enfoque holístico do negócio, o ABOVE ALL© oferece metodologias para solucionar esse dilema tão atual das organizações. Não se trata, evidentemente, de criatividade - do ponto de vista da concepção de ações publicitárias - nem de empregar indicadores e mensurar resultados, e sim do pensamento estratégico que norteará as ações e seus desdobramentos.

Diante de qualquer indicador negativo de desempenho, porém, muitas organizações, em vez de voltar dez casas e reavaliar a gestão, vão direto para o fim do processo e decretam: é preciso investir em comunicação, fazer publicidade, renovar o material institucional. Esse é o paliativo para situações de perda de participação de mercado, queda nas vendas, encolhimento das margens, entre outros problemas.

Como consultor, todos os dias ouço frases do tipo: "Este ano as vendas não vão bem porque deixamos de investir em marketing." É possível que o problema esteja de fato no marketing, mas é raro. Na maioria dos casos, indicadores negativos ou abaixo do esperado refletem problemas mais profundos e interdependentes na organização. Os desafios podem estar no modelo de negócio, no modelo de gestão, no dia a dia da empresa, em uma nova tendência de mercado ou de comportamento que aquela organização não consegue acompanhar. Ou em todos esses fatores combinados.

Quem fará frente a todas essas dificuldades é a gestão. A comunicação é primordial para alavancar os negócios, consolidar a marca e pavimentar o caminho para sua expansão, mas não é o lugar certo para buscar soluções para problemas que afetam o negócio. Pelo contrário: pode ser um tiro no pé. Imagine uma rede de varejo que tem um mau atendimento; de cada dez clientes que entram nas lojas, cinco saem reclamando, difamam a rede e não voltam. Com o tempo, as vendas começam a cair. Essa rede, então, decide trocar de agência e investir mais em comunicação, com publicidade em TV e rádio. A ação surte efeito e aumenta o número de clientes indo às lojas; porém, como a questão do mau atendimento não foi resolvida, aumentam também o número de clientes insatisfeitos e o boca a boca negativo. Assim, o muro se aproxima mais depressa.

FRIBOI: A MARCA MAIS LEMBRADA É SEMPRE A ESCOLHIDA?

Conscientes de que o uso racional e bem direcionado de suas verbas de publicidade é crucial para a sobrevivência do negócio, algumas empresas passaram a abrigar internamente sua inteligência de mercado, orientando as agências, com base em métricas acuradas, sobre quanto e em que canais investir.

Nesse processo de acompanhamento e mensuração dos resultados das ações de comunicação e relacionamento, é preciso responder a uma série de perguntas: houve crescimento de vendas? Aumentaram as menções de marca, o faturamento e o retorno sobre o investimento em comunicação? Quais ações foram planejadas e quais se concretizaram? Qual a aderência dos custos e investimentos ao que foi orçado e aprovado?

As ferramentas para realizar essa medição podem ser financeiras, mas também é possível valer-se de pesquisas para aferir se determinado objetivo – ser a marca mais lembrada nos próximos cinco anos, por exemplo – foi alcançado. As mesmas pesquisas que servirão para as etapas de produção de conhecimento e planejamento entram em cena novamente para comprovar o efeito das iniciativas, retroalimentando o sistema e propiciando inovações – além de ajustes e correções de rumo.

Mas cuidado: aqui também há armadilhas. Como no caso de rankings, por exemplo.

Os rankings de lembrança estão entre os subprodutos mais festejados de uma comunicação (supostamente) eficaz com os públicos externos de uma marca. Quando se cria um ranking, nasce também algum tipo de competição. Surge ainda o desejo de pertencer ao ranking da categoria relativa ao seu negócio – seja o das melhores empresas para se trabalhar, dos melhores tenistas do mundo, dos livros mais vendidos – e, melhor ainda, destacar-se nele. Uma posição em um ranking está associada a reconhecimento e notoriedade. Quem não está no ranking quer entrar. Quem está quer chegar ao topo.

No universo organizacional, a criação e a divulgação de rankings alimentam um mercado bastante articulado. Todos conhecemos empresas que inventam rankings, encontram maneiras eficientes de promovê-los entre seus potenciais clientes e vendem serviços cujo propósito é fazer esses clientes galgarem posições nos rankings que elas próprias criaram. Uma publicação, consultoria ou agência, quando desenvolve um ranking, tende a obter renda a partir da venda de anúncios, de serviços de avaliação e adequação para elegibilidade ao ranking. Na esfera dos ganhos intangíveis, o objetivo é gerar reputação para sua marca.

Os rankings de lembrança de marca incluem-se facilmente nesse perfil. Empresas que trabalham na produção desses rankings vão às ruas, pesquisam quais são as marcas mais fortes no imaginário do consumidor e atribuem características que vão de valor a admiração – as marcas mais valiosas, as mais admiradas, as mais lembradas, as mais confiáveis, etc. Circunstancialmente, oferecem às empresas cujas marcas ficaram em posições menos relevantes estratégias para valorizá-las e ganhar posições no próximo ranking. E, para as mais bem posicionadas, formas de manterem-se na posição conquistada. Usa-se uma metodologia de pesquisa para, na verdade, vender consultoria. Nossa experiência, no entanto, mostra que os rankings têm pouca (ou nenhuma) utilidade prática. Não dizem a que vieram e não resolvem as fragilidades da empresa.

Durante o extenso trabalho de arquitetura de marca que fizemos para o grupo JBS, detentor da marca Friboi (*ver capítulo 14*), constatamos que, sim, Friboi era o nome mais lembrado pelo consumidor, à época já impactado por campanhas publicitárias que deram grande visibilidade à empresa. Porém, quando realizávamos pesquisas nas gôndolas de supermercados, observando o comportamento do consumidor diante da bancada das carnes, verificávamos, com metodologias de pesquisa inquestionáveis, que esse consumidor não dava nenhuma importância à marca. Ele procurava a carne mais fresca, a de melhor preço, o corte em promoção ou mais adequado à ocasião de consumo à qual se destinava o produto, entre outras variáveis.

Essa pesquisa revelou que mais de 80% dos clientes desconheciam a marca de carne que levavam para casa. No momento da escolha do produto, imediatamente após o consumidor acomodar as bandejas no carrinho, um pesquisador abordava-o e perguntava: "Qual marca de carne você acaba de escolher?" Oito em cada dez eram incapazes de mencionar a marca. Levamos esse dado à direção da empresa e fizemos algumas provocações. Friboi é a marca de carne mais lembrada, segundo pesquisas e rankings, porém quais os resultados concretos obtidos com isso? Qual seu impacto na condução do negócio? Como mensurar se o fato de estar no topo do ranking se converte em valor capturado pela empresa e pelo canal de venda (hipermercados, supermercados, mercados de bairro e açougues) na hora em que o cliente decide a compra? Ao apagar das luzes de mais um dia de varejo, nem sempre a marca mais lembrada superou seus concorrentes em volume de vendas.

No outro extremo, analisemos o caso da Coca-Cola. Quando um consumidor vai às compras, em sua lista não haverá o item "refrigerante gaseificado de cola", e sim simplesmente Coca-Cola. Ele sai de casa para adquirir especificamente aquele produto, daquela marca, postura diferente da que adota no segmento de carnes. Ainda comparando os dois mercados, quando se pergunta ao consumidor se ele conhece alguma marca de refrigerante, provavelmente a Coca-Cola virá em primeiro, com cerca de 40% das menções, seguida de outras marcas, como Antarctica, Pepsi, etc. Quando se pergunta se ele conhece alguma marca de carne, a Friboi recebe cerca de 80% de citações. Porém, no caso da Coca-Cola, os 40% se convertem de fato em compra, o que não se dá com a Friboi. Embora os rankings tratem as duas categorias da mesma maneira, o fato é que há uma diferença abissal na captura de valor por cada marca.

Uma boa posição no ranking de lembrança de marca não se traduz em ganho competitivo e muito menos em perpetuidade. Esses rankings mostram apenas que o consumidor, espontaneamente, se lembra da marca A ou B em determinadas categorias de produto. No entanto, muitas organizações usam-nos como critério para fazer investimentos em comunicação. São mecanismos que engordam os bônus por volume das agências sem qualquer garantia de resultado para o cliente.

Se o critério não é objetivo, se existem outros interesses por trás da construção de um ranking, se não é viável isolar variáveis que podem comprometer o resultado do ranking, a informação que nasce dele é provavelmente inútil ou, pior, enviesada – e, por consequência, induz ao erro.

BANCO ITAÚ: MENOS INVESTIMENTO, MAIS CONEXÃO

O banco Itaú é um exemplo de gerenciamento eficiente de inteligência de mercado. Em 2013, após a fusão com o Unibanco, o Itaú desenhou um planejamento estratégico muito preciso para nortear suas ações de comunicação e relacionamento. Isso originou uma plataforma de marca com quatro pilares nos quais a instituição concentraria suas ações: 1) lazer, cultura e educação; 2) esporte, notadamente futebol e tênis; 3) uso consciente do dinheiro, por pessoas e empresas; 4) mobilidade urbana e outros aspectos de transformação social.

Para medir o impacto de sua atuação, foi desenvolvido um sistema interno de inteligência de mercado capaz de avaliar o ROI sobre cada uma das realizações, bem como gerenciar os investimentos destinados a comunicação para atingir o maior público possível, com melhores resultados em termos de interação, engajamento, etc.

Esse planejamento estratégico, somado a uma equipe capacitada, uma cultura meritocrática, metas e objetivos ousados, além de uma plataforma de marca muito bem definida em combinação com um sistema de inteligência que mede os resultados de cada ação, resultou em grande visibilidade *apesar da redução de investimentos em comunicação*, como é possível observar no gráfico a seguir, em que a linha pontilhada representa os gastos nessa área.

RELAÇÃO ENTRE INVESTIMENTO EM COMUNICAÇÃO E FATURAMENTO DO ITAÚ UNIBANCO EM R$ BILHÕES

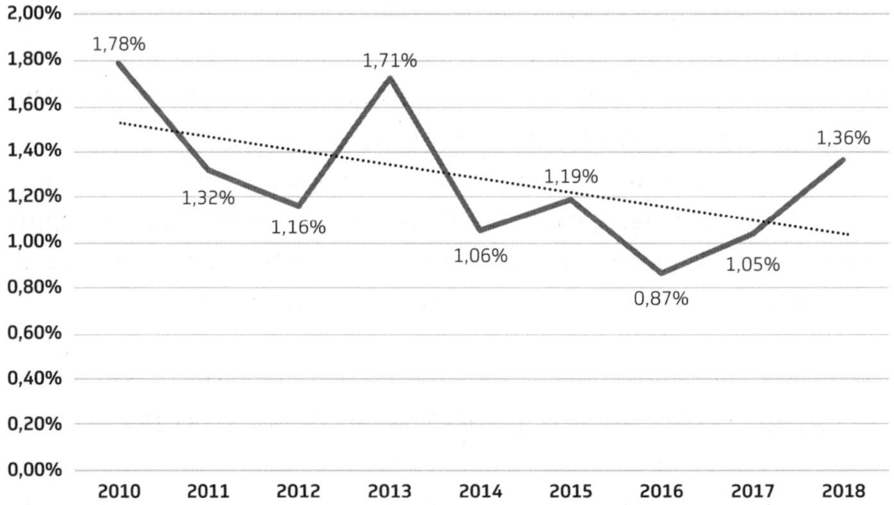

No entanto, minha percepção, assim como a do mercado, é de que a instituição vem investindo cada vez mais e mais nesse setor. Na verdade, foi a estrutura organizacional construída que permitiu ao banco capturar valor maior com menos dinheiro. "Nós sabemos falar 'não' com tanta facilidade que às vezes parece que somos arrogantes, mas não é arrogância, é clareza, consciência, objetividade", declarou o diretor de marketing à época, o CMO Fernando Chacon.

De lá para cá, essa cultura não mudou. Se uma agência ou mesmo um executivo do banco apresentar um projeto ligado a comunicação, marca, relacionamento ou ativação que não atenda aos pilares da plataforma de marca, o "não" virá rapidamente, pois o banco sabe exatamente que valores quer abraçar e qual impacto deseja causar na sociedade.

A construção de uma plataforma de marca eficiente garante consistência e relevância ao negócio. As empresas que conseguem extrapolar sua atuação transacional criam a mais forte conexão possível com o cliente: aquela que se estabelece quando ele *não* está utilizando o produto. No caso do Itaú, ao definir seus pilares com clareza, a marca passou a fazer parte do dia a dia de seus clientes em outros setores de sua vida – patrocinando uma peça de teatro, espalhando pontos de bicicletas compartilhadas pelas grandes cidades e incentivando a leitura.

Não é preciso ser um grande banco ou uma organização multinacional para criar um planejamento estratégico claro como o que norteia as ações de comunicação do Itaú. Qualquer empresa pensante e pulsante pode refletir sobre o seu negócio, decidir com quem deseja se relacionar, entender que os recursos são finitos (muitas vezes nem sequer existem), aprender a falar não e criar uma plataforma de marca que tenha pelo menos um ou dois pilares por meio dos quais se dará seu processo de comunicação e relacionamento. Definido esse pilar, ele deverá capitanear as ações da empresa de maneira fiel e constante.

PARTE V

Design: a expressão da estratégia

13

As belas marcas que me desculpem, mas significado é fundamental

Podemos definir marca como a representação visual de uma entidade (empresa, organização ou mesmo uma pessoa) que estabelece relacionamentos por meio de ações, serviços ou produtos. Há marcas que nascem feias, outras que nascem bonitas. Há marcas grosseiramente desenhadas, que parecem caseiras mesmo aos olhos do leigo. Muitas delas foram desenhadas à mão, ou, já na era da tecnologia, no computador, mas sem ciência, em geral pelo criador da empresa, que dificilmente será um designer. No entanto, se elas conseguem estabelecer um vínculo emocional com seus consumidores, essa relação vale mais do que a beleza técnica da marca.

Dando um passo além: se o produto ou serviço ao qual se associam é de qualidade extraordinária, elas superam suas particularidades estéticas e se mantêm sólidas e ascendentes. Uma vez bem-sucedidas, muitas marcas escolhem em algum momento redesenhar a imagem que as simboliza, e esse movimento acaba potencializando o negócio que ela representa.

Da mesma forma, de nada adianta criar uma marca linda para um produto de má qualidade. O significado de uma marca se constrói a partir da relevância de sua história, seu produto e sua vocação. Muitas marcas globais de grande sucesso jamais seriam criadas pelos designers de hoje. Até porque as marcas também seguem tendências de cores, tipografias, efeitos, gradientes. Elas se conectam com a cultura do mercado, o comportamento das pessoas e de grupos sociais. Assim como as artes plásticas, a música, o teatro e o cinema, as marcas são um retrato do nosso tempo e da nossa sociedade.

Existem marcas tecnicamente mal desenhadas mesmo em grandes conglomerados. A própria Apple, uma das maiores empresas do mundo, tem como ícone uma maçã mordida. Há muitas histórias sobre as razões que levaram Steve Jobs a dar o nome de "maçã" à sua empresa. A mais famosa delas faz uma alusão à lenda de que o físico Isaac Newton teria se dado conta da força da gravidade depois que essa fruta caiu em sua cabeça. A maçã, supostamente, também evocaria a sedução dos produtos Apple: a mordida seria uma referência ao ato de provar o fruto da árvore do conhecimento.

Agora, pense: qual é o sentido de uma maçã ser o símbolo de uma empresa de tecnologia? Isso não nos incomoda porque já entrou no inconsciente coletivo, mas, do ponto de vista racional do design e da sua relação com a marca, dos pontos de paridade com o negócio, ela é absolutamente desconectada. Ainda assim, a Apple segue como uma das maiores companhias globais porque o que sustenta as empresas é o negócio, não a marca.

A marca é sempre o reflexo da organização. Se uma empresa está entregando a promessa de marca, a tendência é que prospere, independentemente da qualidade do design. E, se a marca é um reflexo da organização, o que o cliente enxerga quando olha para a marca não é a maçã, e sim o que a Apple entrega: qualidade, inovação, atendimento impecável, elegância. Essência, conceito, produto. Negócio ruim com marca boa não fica de pé. Negócio bom com marca ruim fica. O design é importante para o negócio, mas não preenche a lacuna deixada pela má qualidade do produto nem pelos erros de gestão. Seu papel é alavancar produtos e serviços provendo uma representação visual impactante e memorável.

Diferentemente do que apregoam tantos rankings por aí, essa representação visual não possui valor por si só. Desdobremos um pouco mais esse raciocínio.

VALOR DAS MARCAS: A FALÁCIA DOS RANKINGS

Na Parte IV, ao tratar do marketing, expliquei por que, a meu ver, os rankings de lembrança de marca não se sustentam como critério para investimentos em comunicação e relacionamento. Há outros rankings que merecem uma análise atenta pelo risco de induzir a prejuízos incalculáveis. Refiro-me aos rankings de valor de marca.

Em 2007, um consórcio de bancos constituído pelo Royal Bank of Scotland (RBS), pelo Fortis, de origem belgo-holandesa, e pelo espanhol Santander adquiriu 86% das ações do holandês ABN Amro por 71 bilhões de euros, no que foi considerado, à época, o maior negócio da história do setor bancário mundial. No Brasil, o ABN Amro controlava o Banco Real. A fusão europeia significou que, aqui, o Real se uniria ao Santander, havendo, porém, preservação das duas marcas, segundo declaração dos controladores. Essa decisão se justificava pelo valor atribuído pelo varejo à marca Real: 1,047 bilhão de dólares, o que correspondia a 11% do valor de mercado da empresa, segundo uma consultoria especializada nesse tipo de avaliação. Isso situava o valor de mercado da empresa em cerca de 10 bilhões de dólares, uma soma considerável que levava em conta o marketing de relacionamento que o Banco Real havia desenvolvido com pioneirismo no Brasil e sua imagem de instituição preocupada com a sustentabilidade.

"O Real ocupava a primeira posição no ranking de satisfação dos clientes, enquanto o Santander ocupava a sétima, principalmente pela avaliação inferior da imagem da marca e do atendimento ao cliente", escreveu Priscila Borin de Oliveira Claro, professora do Insper, em estudo de caso publicado em 2011. "A satisfação do cliente era central no modelo de negócio sustentável do Real, uma vez que o desafio era construir com ele uma relação de confiança, para que fosse possível alcançar lucro no curto prazo e, ao mesmo tempo, a partir de sua reputação positiva, perpetuar o negócio."

No entanto, apenas dois anos após a aquisição, o Santander simplesmente abriu mão da marca Banco Real. Agências foram remodeladas e clientes foram absorvidos pelo novo banco. Meu ponto é: qual banqueiro rasgaria uma marca de mais de 1 bilhão de dólares? Está claro que o valor indicado pelo ranking não se realizou concretamente. O Santander adquiriu ativos tangíveis, como carteira de clientes e agências físicas (valiosas em um tempo de escassa digitalização nos serviços bancários – estamos falando de uma fusão que se deu em 2008), e outros intangíveis, como a penetração da marca e sua reputação. Envolvendo-se no negócio, porém, o banco espanhol, por motivos não declarados, optou por não criar uma arquitetura de marca, como fizeram outras instituições ao segmentar seus clientes por renda – o Itaú, por exemplo, que tem a marca Personnalité para a clientela mais afluente, da mesma forma que o Bradesco tem a Prime.

Uma marca só tem um valor monetário intrínseco quando é possível transacioná-la e capturar valor pela marca em si, independentemente do negócio. Segundo o ranking de valor de marca de uma prestigiada consultoria internacional, a marca Coca-Cola é uma das mais valiosas do mundo, avaliada em mais de 66 bilhões de dólares em 2018. No entanto, ainda que um fundo poderoso ou um bilionário quisesse comprar a marca, se não levasse na transação os ativos da Coca-Cola (fábricas, cadeia de distribuição, caminhões, etc.), o negócio não se sustentaria. Uma marca não é um quadro que se possa pendurar na parede. Sem o negócio que está por trás dela, simplesmente não tem valor.

Já ouvi muitos especialistas explicarem a ciência que há por trás dos rankings, envolvendo o valor que a marca pode capturar. Confrontados, porém, com transações como a dos bancos Real e Santander, acabavam admitindo que a marca, afinal, não valia tanto sob o aspecto estrito de sua monetização em uma eventual venda.

Essa linha de raciocínio não nega a existência de marcas com valor monetário intrínseco. Elas existem, claro, desde que seja possível monetizar produtos e serviços de outras maneiras. Um bom exemplo vem da prática do licenciamento. Pensemos em um fabricante de bolsas que obteve licenciamento de uma grande marca, estampou-a em seus produtos e, graças a isso, levou ao mercado objetos de consumo muito desejados. Isso é monetizar por meio de uma marca. O logotipo que enfeitou a bolsa possui um valor monetário intrínseco, ou seja, que independe do negócio por trás dele. Quando não existe essa possibilidade, o que tem valor é o negócio combinado à marca. Quando se adquire esse "pacote" (negócio + marca), no momento seguinte – aí sim – já é possível começar a capturar valor a partir de duas categorias de ativos: os tangíveis e os intangíveis.

Fica evidente a grande contradição dos rankings de valor de marca: eles não avaliam o negócio, e sim a marca combinada ao negócio ou de modo isolado. Ocorre que poucas marcas podem ser vendidas individualmente. Uma marca de pneus, por mais reputada e bem-sucedida que seja, só vale dinheiro se a cadeia de produção estiver embutida na transação ou se puder ser replicada para que o produto chegue ao mercado. Ou seja, se outro fabricante de pneus puder fazer uso dela ou contratar a fabricação de um terceiro para aplicação e monetização dessa marca. Valorar apenas a marca, como se costuma ver, é, em geral, uma grande falácia.

Do ponto de vista da minha metodologia, o que faria sentido é um ranking de captura de valor ou um índice de alavancagem da marca.

Meu conceito enxerga as marcas como alavancadoras de valor do negócio, e não como valiosas por si próprias. Na percepção do consumidor e dos clientes, e aos olhos do mercado, é a marca que justifica preços diferentes para produtos praticamente idênticos. Todos os dias somos expostos a situações de consumo que evidenciam essa relação. Nas prateleiras do supermercado, por exemplo, vamos comparar duas marcas de macarrão: mesmo formato, mesma massa à base de ovos e farinha de grãos duros, preços disparatadamente diferentes, sendo que um deles, de origem italiana, custa 200% mais do que o do fabricante nacional. O que explica essa diferença? A marca, que conseguiu construir uma reputação, prover uma experiência, consolidar uma representação de status e evocar significados - ou todos esses fatores combinados - de maneira a cumprir um papel primordial na captura de valor para o negócio.

Refiro-me especificamente à problemática dos rankings, desprezando, neste momento da análise, questões de plataforma ou de relacionamento. O fato é que algumas marcas conseguem capturar valor com grande efetividade.

Vários estudos de mercado afirmam que a marca Apple consegue capturar 30% a mais de valor em qualquer produto que exiba o famoso símbolo. Isso significa que, se tirarmos a maçã de um computador Apple e a substituirmos pela representação de qualquer outra marca de tecnologia, o mesmo produto valeria aproximadamente 24% menos. Todos os componentes de um computador Apple estão disponíveis no mercado, o único fator indisponível é a marca.

Suponhamos o seguinte cenário: um ranking qualquer calculou em 1 trilhão de dólares o valor da marca Apple. Suponhamos, ainda, que a Samsung tenha 1 trilhão, compre a marca Apple e lance sua próxima linha de smartphones com a maçã, porque ela agora pertence à corporação Samsung. O que aconteceria? Minha aposta é que esse produto não seria um sucesso, porque, quando o consumidor adquire um item Apple, está comprando mais do que um objeto e uma marca. Está comprando a empresa por trás da marca e tudo que ela representa.

A conclusão natural é que o negócio é a origem, o ponto de partida. Primeiro se cria o negócio, o qual vai trabalhar para a construção de uma marca, que por sua vez pode, de acordo com a entrega, capturar mais valor, valor este que retroalimentará o negócio. Quando se tem um negócio doente, de nada adianta ter uma marca boa, porque sozinha ela não conseguirá capturar valor. A marca é o reflexo do conjunto de ações e realizações da organização. Uma marca é o que o negócio entrega, e não o que o negócio afirma que entrega. Por isso, para o meu conceito o que vale é a máxima *Making your business walk the brand you talk* (Fazendo seu negócio entregar o que sua marca afirma que entrega). O ABOVE ALL© provê uma metodologia para compreender a dinâmica entre negócio e marca e trabalhar as dimensões que compõem esse sistema de maneira lógica e concatenada.

QUANDO É HORA DE REDESENHAR UMA MARCA?

O design é o pilar mais visível do conceito ABOVE ALL© e quase sempre o primeiro elemento de contato entre um cliente e uma organização. Por isso, assim como ocorre com o marketing, a segunda tábua de salvação em empresas com dificuldades na condução do negócio é reformular o design em vez de avaliar a gestão, o mais complexo dos pilares e o que mais exige envolvimento do corpo diretivo. Redesenhar uma marca, porém, não resolverá equívocos de gestão.

Gestão, nunca é demais lembrar, envolve cultura. É possível refazer o design de uma embalagem em cinco meses, mas uma mudança de cultura exige no mínimo cinco anos. Quando uma organização dá as costas para suas deficiências de gestão e opta por intervir no design da marca reformulando embalagens, por exemplo, no primeiro momento pode até haver melhora nas vendas, porém, se não forem examinadas as causas do mau desempenho, dificilmente esse movimento ascendente se perpetuará.

Há outro ponto importante: trocar a marca não vai mudar o que o consumidor pensa a respeito dela da noite para o dia, por mais que essa troca seja potencializada por uma campanha de comunicação. Esse é um movimento de anos, às vezes de décadas e, em alguns casos, de gerações. Pense, por exemplo, em quanta gente ainda considera a IBM uma empresa de computadores, sem se dar conta de que a gigante americana especializou-se em inteligência artificial e soluções em nuvem.

Afinal, de quanto em quanto tempo é preciso reformular uma marca? Essa é uma pergunta frequente no dia a dia de uma consultoria de planejamento estratégico como a minha. Talvez nunca. Há marcas que se mantêm intocadas, ou quase, há décadas, sem que isso interfira no seu potencial e no sucesso do negócio. É consolidando uma cor ou um logotipo que se constrói uma marca memorável por gerações, não trocando todo ano. As marcas realmente fortes não mudam, ou mudam muito pouco. Em linhas gerais, mesmo que uma marca altere algum aspecto, por necessidade – a presença digital, por exemplo, pode demandar pequenos ajustes para garantir qualidade e nitidez a certos desenhos –, não se pode mudar tudo, sob risco de turvar a essência.

O hotel paulistano Maksoud Plaza mantinha o mesmo símbolo desde 1979, sem alterações. Seu desenho intrincado e único – uma série de linhas que se entrelaçam formando uma letra "M" dourada – foi o principal símbolo do hotel durante décadas, elegante e reconhecível. Quando, ao longo do extenso trabalho que fizemos com o hotel, finalmente chegou a etapa de reavaliar esse desenho, enxergamos uma oportunidade. Argumentamos que muitas marcas vêm trabalhando o design de seus elementos de linguagem como forma de atualizar a imagem sem abrir mão de sua história. Foi assim que propusemos um redesenho ao mesmo tempo disruptivo e sutil do logo.

Tínhamos diante de nós um tremendo desafio. Sem interferir na essência e nos signos que lhe conferem característica ímpar, trouxemos uma novidade visual que condizia com a intensa reformulação pela qual o empreendimento passava. O novo logo também contempla outra necessidade: a de ajustar a expectativa da experiência do hóspede à atual realidade do hotel, não mais o empreendimento luxuoso dos anos 1980. Enquanto concluíamos este livro, o hotel se preparava para lançar a nova marca.

De maneira geral, o design deve ser revisto quando uma marca ou organização reformula sua estratégia e diagnostica que aquele ícone ou conjunto de elementos não mais reflete seus valores, seu modelo de negócio, seu posicionamento, suas promessas. Não transmite mais o que se pretende para aquele momento da empresa. Imagine, por exemplo, uma marca de luxo concebida há 40 anos e representada por uma imagem em preto e branco. Agora imagine que essa marca decide se tornar jovem e dinâmica. O reposicionamento exigirá uma revisão dos elementos.

VALMARI: ATUALIZAÇÃO DA MARCA E REPOSICIONAMENTO DE MERCADO

Nas pesquisas realizadas entre colaboradores, franqueados e profissionais de estética, a fabricante de dermocosméticos Valmari sempre era elogiada pela qualidade de seus produtos, mas o logotipo e as embalagens eram descritos como tendo "aparência medicinal", desprovidos de apelo comercial (para vendas ao consumidor final, o que estava no radar da empresa) e sem nenhum cuidado com a padronização de marca.

No logo antigo, era dado um destaque especial à letra "V", que representava um cadinho sobre o qual havia um pistilo – instrumentos de trabalho dos profissionais das farmácias de manipulação. No entanto, essas representações eram pouco compreendidas pelo público. Além disso, os textos nas embalagens não expunham os benefícios dos produtos e os formatos não eram funcionais para a consumidora, além de não agregarem qualquer valor à marca.

O logo da Valmari nos anos 1980

Embalagens com o design antigo

Quando uma marca muda ou pretende transmitir uma mensagem diferente a seu público – e a outros que deseja conquistar –, é hora de rever o design. A nova marca Valmari, desenhada por nós, aposta em uma tipografia exclusiva e em um símbolo circular que continha o desenho original do cadinho com pistilo, porém estilizado. As cores escolhidas apostam na contemporaneidade e se harmonizam com o posicionamento mercadológico do negócio: "Cosmética de resultado". O prata é associado a tecnologia e inovação, enquanto o verde transmite frescor, limpeza, saúde, segurança e confiabilidade.

VALMARI
DERMOCOSMÉTICOS

Novo logotipo: desenho estilizado e cores em harmonia com as características da marca

"Nosso logo tinha 30 anos, estava envelhecido e já não traduzia mais a sofisticação que a marca ganhou ao longo de décadas de vida", explica Maria Rita Resende, fundadora da Valmari. "A nova identidade transmite harmonia e jovialidade, o que foi decisivo para redefinir nossa presença no mercado profissional e entre os consumidores finais."

As embalagens foram padronizadas dentro de cada linha e ganharam descrições que apregoam os benefícios dos produtos, tornando-os mais atraentes.

As embalagens agora têm formas orgânicas e cores marcantes

A EXPERIÊNCIA DO CLIENTE

Marcos Wilson Pereira, sócio da LGT Impact responsável pela divisão América Latina e ex-presidente da Valmari

"A Valmari era uma empresa tradicional, principalmente no estado de São Paulo. Possuía uma marca muito forte, que remontava às raízes do segmento de cosméticos no Brasil. Eu e o empresário Andre De Vivo tínhamos grande admiração pela companhia e por sua fundadora, Maria Rita Resende, uma profissional atenta às tendências e aos anseios de suas clientes. Porém a marca estava desgastada devido a conflitos internos e vinha perdendo até 15% de faturamento anual nos cinco ou seis anos anteriores.

Nosso fundo de investimento enxergou uma oportunidade de revitalizar essa marca, conhecida por 80% das mulheres do estado e por 100% das esteticistas, que usavam seus produtos cotidianamente. Tornei-me presidente da Valmari e contratei a consultoria proprietária do ABOVE ALL©, a princípio apenas com o objetivo de remodelar as embalagens.

Planejávamos introduzir os produtos em um novo canal de vendas: as farmácias, que na época começavam a vender boas marcas de dermocosméticos, como Vichy, La Roche-Posay, ROC, entre outras. Até então, os produtos Valmari eram comercializados em lojas franqueadas, mas também de forma direta para o profissional de estética, que por sua vez podia vender para a cliente e para dermatologistas, em um emaranhado de canais.

Queríamos organizar essa operação e ganhar musculatura para nos destacarmos nas farmácias, onde, sabíamos, o nível de competitividade entre os produtos era muito maior.

As primeiras conversas com a consultoria deixaram claro que, muito mais do que remodelar embalagens, a Valmari precisava de um tratamento geral em termos de posicionamento, vendas, marketing e também, claro, de embalagens. Era preciso revitalizar tudo que envolvia a parte visual e de comunicação da companhia. E o conceito compreendia todas essas frentes. Nós tínhamos conhecimento estratégico e sabíamos onde queríamos posicionar a marca, mas a dinâmica proposta nos ajudou a quebrar a resistência entre os fundadores da empresa.

A metodologia aplicada trouxe grande apoio a todo o novo planejamento estratégico da Valmari, embora tenha atuado mais fortemente na configuração de produtos, de portfólio e de marca. Quando assumimos a companhia, o portfólio tinha cerca de 500 produtos, dos quais apenas 10 ou 15 representavam cerca de 90% das vendas. Com tantos itens, era inevitável que houvesse problemas com a experiência do cliente, como foi detectado. Reduzimos para cerca de 230 produtos, uma base mais coerente e compatível com a de outras empresas do segmento. O trabalho de redesenho de embalagens foi tão cirúrgico que muitas delas continuam tal como foram criadas dentro das recomendações da consultoria."

PETROPLUS: DESIGN ARROJADO PARA ATRAIR O CLIENTE

É importante lembrar que nem sempre basta redesenhar uma marca. A depender da erosão que ela talvez tenha sofrido em função de crises internas e de mercado, pode ser necessário trocá-la ou até mesmo abrir uma nova empresa, quando a atual não atende mais à demanda – é possível, por exemplo, associar um serviço de lavanderia a uma marca de sabão em pó mas não usar essa mesma marca para uma linha de alimentos. Cada marca tem seu limite de elasticidade e seu território de atuação, que precisam ser respeitados.

Em vários de nossos projetos fizemos uso da essência do design, que consiste em: aliar estética e funcionalidade, solucionar problemas e despertar encantamento, ser escalável e ao mesmo tempo exclusivo. Isso se aplica, na minha metodologia, a marca, embalagem, cores, fotografia e tipografia, ou seja, a todos os elementos que compõem as dimensões de expressão.

Em 2015, quando a empresa Petroplus, detentora dos direitos de distribuição dos produtos automotivos da STP no Brasil, decidiu lançar uma marca própria, homônima, fomos contratados para capitanear o projeto de concepção da marca e de toda a linguagem Petroplus. Era um mercado com concorrentes de peso, e nesse caso o desafio quase sempre consiste em capturar o olhar do consumidor. Optamos, em comunhão com a diretoria da empresa, por um design moderno e arrojado, alinhado com a proposta da marca e muito diferente de tudo que existia. Investimos centenas de horas nas linhas conceituais que deveriam originar um produto de visual e forma ímpares mas viável dos pontos de vista industrial e financeiro.

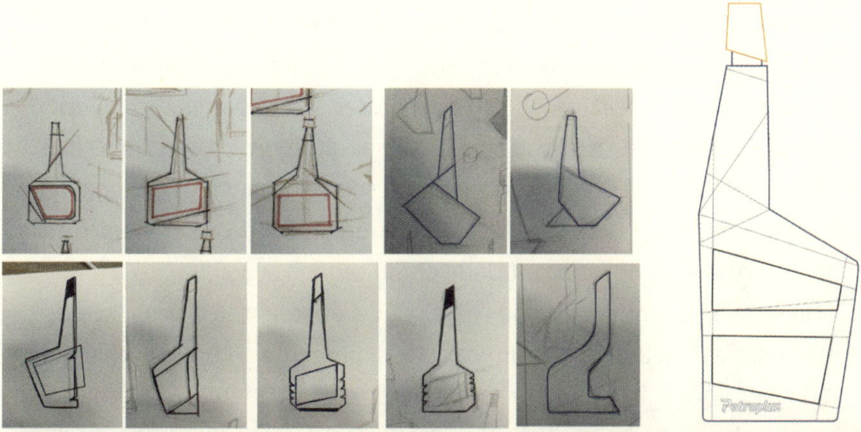

Sketches da embalagem Petroplus e o surpreendente design final do produto

A EXPERIÊNCIA DO CLIENTE

Rodrigo Bonadia, diretor executivo da Petroplus

"O mercado automotivo tem muitas marcas de forte aceitação, como Ipiranga, Castrol, Petrobras, Shell, Texaco. Perto delas, a Petroplus é pequena, o que tornava maior o desafio de, ao nos lançarmos como marca própria, ganhar destaque nas prateleiras das revendas. No entanto, a equipe que aplicou o conceito ABOVE ALL© à nossa necessidade foi extremamente feliz na escolha das cores, na tipologia, no layout. Criou um design futurista que consegue ser diferente de cada uma das centenas de marcas que existem hoje no segmento. Acredito que esse resultado só foi possível graças a um estudo profundo do mercado, da concorrência e da nossa identidade como organização.

Na reunião em que a equipe responsável apresentou a proposta de cores para a marca, tivemos um daqueles momentos 'Eureca!', pois era uma paleta que não lembrava a de nenhuma outra marca. Era bonita e surpreendente. Como se trata de um projeto de inserção no mercado de longo prazo, ainda não pudemos avaliar resultados, mas nosso público interno – composto por milhares de distribuidores, postos de gasolina, concessionárias, atacadistas de autopeças e mecânicos – vem se mostrando encantado com nossos produtos. O conceito é profundo e cerca todos os detalhes para chegar a um resultado excelente."

14

A construção da identidade de marca

Sempre que falamos em marca, é preciso considerar vários elementos do ponto de vista do design que, combinados, são vitais para a construção de uma nova identidade ou para a reformulação de uma já existente. A metodologia DIMENSÕES BALANCEADAS DO DESIGN apresentada aqui contempla as duas dimensões de uma identidade de marca e está conectada com a ESTRATÉGIA DOS TRÊS PILARES. A **dimensão estratégica** equivale ao alicerce de uma construção. A genética de uma marca, seu DNA, sai dessa dimensão e se manifesta junto aos clientes ou consumidores por meio da **dimensão de expressão**: logotipo, cor, fachada, aroma, som, fotografia, linguagem, estética – os elementos que dão corpo e alma à marca.

A figura na página anterior representa a identidade de marca como dois hemisférios. Acima da linha média situa-se a **dimensão de expressão**, que engloba três faces: visual, verbal e sensorial. São componentes que se apresentam com grande clareza para o mercado e para o cliente, impactando-os. Na metade inferior estão os itens que compõem a **dimensão estratégica**, assim chamada porque seus componentes foram definidos no momento da definição da estratégia empresarial.

AS TRÊS FACES DA DIMENSÃO ESTRATÉGICA

A dimensão estratégica é composta por elementos tangíveis, intangíveis e de consciência. De maneira quase subterrânea, eles trabalham intensamente para a construção da identidade de marca. Os elementos tangíveis são: os pontos de paridade, os diferenciais, os atributos funcionais e as razões para acreditar. Os intangíveis agrupam o emocional, o conceito, a personalidade e a promessa. A categoria da consciência inclui aspectos sociais, ambientais, existenciais e essenciais.

Elementos tangíveis

1. Pontos de paridade. São as características que fazem com que determinado produto, serviço, empresa ou marca seja lembrado em sua categoria, seu segmento de atuação ou seu nicho de mercado. Em que cesta o seu negócio deve ser colocado: é uma consultoria, um banco, uma empresa de tecnologia? O marketing pode lidar com esse componente de maneira genial – ou desastrosa. Há alguns anos, um grande banco brasileiro lançou uma campanha negando sua categoria ao dizer-se tão bom "que nem parece banco". Ora, a negação do ponto de paridade cria um ruído inevitável no planejamento e nas táticas de comunicação da marca. No mesmo sentido, porém de modo brilhante, o canal de TV por assinatura HBO acertou ao criar para si mesmo uma categoria diferenciada, por meio do slogan "It's not TV. It's HBO" ("Não é um canal de TV, é HBO"). Vale ressaltar que esses pontos são definidos estrategicamente e podem ser utilizados nos slogans, nas assinaturas de marca, nas embalagens e em qualquer outra mídia.

2. Diferenciais. Uma vez definidos os pontos de paridade, que traduzem o que é o seu negócio, é hora de pensar nas características que o diferenciam dos demais competidores da categoria. Qualidade dos produtos e do atendimento, história e DNA costumam ser bons exemplos de pontos de diferenciação em relação à concorrência. Aqui, a pergunta é: por que o consumidor comprará esse produto, e não o da concorrência?
3. Funcionalidade. São as características práticas, operacionais e palpáveis da marca: número de lojas, ter ou não e-commerce, tipo de embalagem, serviços de assistência 24h, entre outros.
4. Credibilidade (razões para acreditar). São os atributos que dão consistência ao discurso de uma marca, transformando uma promessa em algo que o cliente precisa usar, em que deve confiar e pelo qual está disposto a pagar. Alguns desses atributos podem ser: tempo de mercado, certificações, premiações, número de escritórios no mundo, submissão com sucesso a fiscalizações, quem está por trás da marca, quem trabalha com ela, entre outros.

Elementos intangíveis

Esse é um terreno mais desconfortável para pessoas muito objetivas. Para um mergulho profundo nele, tenhamos em mente esta sequência de elementos: vocação, essência, conceito e promessa. Todos estão contidos de alguma forma na identidade de marca. Na minha metodologia, são muito utilizados como uma linha de raciocínio que mostra como algo totalmente interno e pertencente ao universo do sonho e da aspiração – que é a vocação – se concretiza em um destaque na embalagem de um produto, um mote ou um conceito de campanha publicitária. É a reverberação do propósito. A empresa tem uma vocação, que se traduz em uma essência, que dá origem a um conceito empresarial. Esse conceito, por sua vez, resulta em uma ou várias promessas de marca.

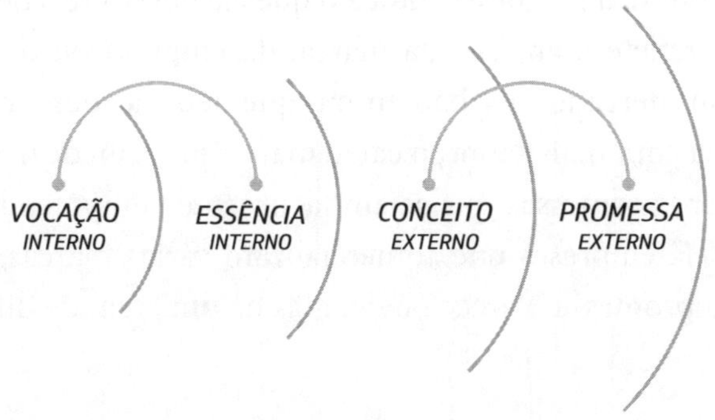

1. Emocional. Refere-se aos sentimentos que cada marca se propõe a despertar nas pessoas que se relacionam com ela. Quando um cliente é assistido pela minha consultoria, por exemplo, eu gostaria que ele se sentisse visionário e poderoso, capacitado a construir o futuro da sua empresa para se perpetuar e ter sucesso. Quando um cliente está tomando uma Coca-Cola, a organização trabalha para que ele se sinta entrando em um território de felicidade. Uma marca não tem emoção por si só, da mesma forma que dificilmente tem valor quando dissociada do negócio. No entanto, ela pode provocar emoção por meio da experiência, do ambiente no ponto de venda, da degustação de um produto e do alcance de um desempenho melhor pela utilização de seus produtos.

   Uma empresa deve planejar o que gostaria de ouvir sobre si e sua marca. Antes de preparar sua estratégia, precisa fazer perguntas para depois apurar se o que *gostaria de ser* coincide com *a forma como está sendo percebida* pelo mercado. Quando o questionamento inicial é feito e a resposta é dissonante, é possível ter clareza sobre os pontos que deverão ser mudados. Não adianta, por exemplo, declarar-se inovadora e digital e pedir ao cliente para mandar pelo correio a cópia de um documento.
2. Conceito. A razão de existir de um negócio pode ser traduzida em um conceito empresarial. Embora o conceito brote de dentro da empresa, ele conversa com as partes interessadas – com quem está fora do negócio. Pode simplesmente revelar sua realidade ou definir um diferencial atrelado ao modelo de negócio, ao posicionamento mercadológico ou à proposta de valor, explicitando o que ela tem de único a oferecer ao mercado. Por exemplo, no caso do Instituto Tênis, "Todos pelo #1".
3. Promessa. Se o cliente se conectar à marca e compreender seu conceito empresarial, a promessa indica o que ele deverá receber. Em outras palavras, reflete a entrega da marca, da empresa ou do produto ou serviço ao mercado: o sabão em pó que deixa a roupa mais limpa; a margarina com mais sabor; o carro mais rápido. O ideal é que as marcas tenham promessas que sejam facilmente compreendidas por seu público. Há empresas que comercializam várias marcas, e cada uma terá a sua promessa. Parece óbvio, mas há uma grande dificuldade em

construir isso, com forte risco de cair na vala comum. O que mais se vê hoje são empresas propalando promessas vazias ou que deveriam ser obrigatórias: "Nossa empresa é ágil", "Nosso atendimento é eficiente", "Nossa empresa é honesta".

4. Personalidade. São características delineadas no planejamento para direcionar certas ações. Dizem respeito à cultura da organização e a como ela se relaciona com seus colaboradores e públicos externos. Se fôssemos comparar essa empresa a uma pessoa, como ela seria: jovem, agressiva, tradicional, tecnológica? A personalidade de uma marca, quando bem construída e consolidada, entra no inconsciente coletivo. As mensagens precisam estar alinhadas ao que se planejou. De nada adianta uma marca declarar-se jovem se o escritório é sisudo e o time é convocado a trabalhar de terno. Uma das metodologias de pesquisa mais clássicas para a construção de marca consiste em extrair definições por meio de técnicas de projeção. Logo no início de nosso trabalho com a marca de dermocosméticos Valmari, por exemplo, reunimos esteticistas para colher impressões sobre a personalidade da empresa. "É uma mulher de calça jeans e camisa branca, tem um Ford EcoSport, é independente!", disse uma das entrevistadas. As definições feitas pelo cliente nos ajudam a compreender melhor os vínculos criados pela marca e, assim, a dar consistência a suas ações.

Elementos de consciência

1. Essência (aspectos essenciais). É a síntese da vocação da empresa. Porém, como a vocação por si só não chega à composição da identidade de marca, cabe à essência indicar o que a marca tem de mais puro e distintivo. Em geral, os aspectos essenciais apresentam-se em uma frase forte, profundamente simbólica e capaz de expressar algo muito intenso. Eles informam por que a empresa faz o que faz e em que acredita. É esse aspecto que respalda o conceito empresarial.
2. Existência (aspectos existenciais). O ABOVE ALL© se vale dos arquétipos do psicanalista Carl Gustav Jung para definir as marcas em seus aspectos mais íntimos. A essência de uma marca pode ser definida como seu DNA. Já a existência, seguindo esse paralelo, corresponderia à parte espiritual da marca. Enquanto a personalidade manifesta-se

para o mundo exterior, a existência é tão íntima quanto a fé: é a crença da existência humana traduzida para uma dimensão de marca.

Há dois caminhos possíveis para construir o aspecto existencial de uma marca. O **primeiro** consiste em conectá-la a questões divinas. Uma marca de comida kosher, por exemplo, tem um cunho espiritual e, portanto, um invencível diferencial competitivo para o público a que se destina. Se uma marca tem essa característica dentro de si e se esse aspecto conversa com as crenças íntimas do consumidor, o resultado é muito potente. A relação com o divino não tem competidor. Uma marca que se conecta a esse elemento é vitoriosa e tem um público cativo. No outro extremo, porém, ela tende a afastar quem não comunga dessa crença. Por que, por exemplo, um não judeu consumiria comida kosher?

O **segundo** utiliza um instrumento bastante poderoso e de forte simbolismo: os arquétipos. Jung assim os definiu, em seu livro *Psicologia da religião ocidental e oriental*: "Formas ou imagens de natureza coletiva, que ocorrem em praticamente toda a Terra como componentes de mito e, ao mesmo tempo, como produtos individuais de origem inconsciente." Os arquétipos podem não ser tão fortes quanto a religião, mas permeiam todas as religiões porque fazem parte do inconsciente coletivo humano. Aqui, define-se a utilização de um arquétipo ou subarquétipo de Jung para a marca. Uma vez feito isso, passa a haver um fio condutor em tudo que a marca faz, evocando signos, símbolos, cores e palavras que ativam o arquétipo escolhido no inconsciente coletivo e assim impactando as pessoas.

Por definição de Jung, temos dois inconscientes: o individual e o coletivo, sendo o individual a somatória das nossas experiências particulares e o coletivo aquele que permeia a experiência humana. Os arquétipos de Jung são o conjunto de imagens primitivas presentes no inconsciente coletivo desde os primórdios da humanidade. A definição do arquétipo de uma marca não é aleatória. Essa escolha começa na fase de planejamento da identidade de marca, durante a definição da estratégia. Estabelecidos todos os elementos anteriores, quando é chegada a hora de escolher o arquétipo, estamos suficientemente confortáveis com o passado, lúcidos com relação às verdades daquela organização e ao que ela pretende do futuro para recomendar que faça uso de determinada imagem arquetípica.

As grandes empresas encontraram e institucionalizaram seu arquétipo, utilizando-o para pautar toda a identidade de marca. A Coca-Cola, por exemplo, faz uso do arquétipo do Inocente. O da Nike é o Herói. Mas qualquer empresa, partindo de um bom planejamento estratégico, pode identificar e lapidar o seu. Todas as empresas para quem demos consultoria em planejamento estratégico e identidade de marca investigaram seu arquétipo e utilizaram-no amplamente na construção da marca. Por exemplo, a Flow, empresa de seleção de executivos, usou o arquétipo do Mago, por considerar que seu acesso às empresas e às pessoas tem uma característica transformadora para ambos: organização e indivíduo. O Instituto Tênis tomou para si o arquétipo do Herói, levando em conta seu desejo de conquista. A Onodera nasceu e existe inspirada pelo arquétipo do Amante. O Fora da Lei é a figura arquetípica perfeita para o Maksoud, um hotel que desde sua fundação desafia as convenções.

Infelizmente, muitas empresas desconhecem esse aliado valioso da construção da marca. A conexão promovida por uma marca que se utiliza de um arquétipo junto a seus clientes é muito mais vigorosa porque ativa no ser humano algo que é intrínseco a ele, que está em seu inconsciente. E pode ganhar potência quando o arquétipo identificado se vincula a algum aspecto do momento de vida do cliente. Por exemplo: uma mulher que acaba de dar à luz conecta-se de maneira muito mais intensa a marcas que tenham como arquétipo a figura do Inocente.

A empresa mais genial na utilização dos arquétipos é a Disney. Todos os desenhos e filmes dos estúdios têm numerosos arquétipos; portanto, falam com cada um de nós por meio de identificação profunda e instantânea. Há sempre o Bobo da Corte, o Inocente, o Herói, entre outros. Porém uma empresa não deveria escolher mais de um arquétipo, sob pena de construir uma identidade cruzada, nebulosa e até falsa, pois não se pode ser tudo para todos ao mesmo tempo.

Na construção de uma marca, uma vez identificado o arquétipo correspondente, é possível usar na comunicação as palavras que ativam aquele arquétipo. Exemplos: poder, para o Governante; ajuda, para o Prestativo; pertencimento, para o Bom Companheiro.

3. Aspectos ambientais. Dizem respeito à forma como cada empresa gostaria de ser percebida sob o prisma de sua contribuição à saúde do meio ambiente. Entre as marcas nacionais, a Natura trabalha esse aspecto com excelência há décadas ao estimular o reuso de embalagens, a produção de frascos com menor quantidade de matéria-prima e a utilização de insumos extraídos das florestas brasileiras de maneira sustentável. O que não vale é patrocinar alguma ação sem consistência nem relevância e anunciar que o faz apenas para levantar a bandeira ambiental e se diferenciar. É preciso ser verdadeiro. Se uma empresa fizer uma ação ambiental consciente e significativa, ótimo. Parte dos clientes vai valorizar, e nesse caso vale a pena divulgar.
4. Aspectos sociais. Referem-se à maneira como cada empresa gostaria de ser percebida do ponto de vista de sua contribuição à sociedade. Por exemplo: o grande banco que cria uma fundação para melhorar a qualidade do ensino médio ou promove uma série de documentários para conscientizar a população sobre o desperdício de alimentos. Da mesma forma que ocorre nos aspectos ambientais, aqui também é preciso ser verdadeiro. Não há espaço para ações meramente "marqueteiras".

Uma vez que todos os elementos da **dimensão estratégica** estejam solidamente definidos, a marca terá um vasto material não só para começar a construir sua **dimensão de expressão**, mas também para usar esse repertório na fase de comunicação e relacionamento e no desenvolvimento da cultura organizacional. Há estofo para direcionar, ainda, como o negócio será conduzido no dia a dia e quem deverá ser contratado – naturalmente, pessoas que tenham aderência a esse repertório. As três faces da dimensão estratégica também oferecem subsídio interno e externo para a marca posicionar-se com solidez e segurança no mercado.

Porém o primeiro e mais rápido desdobramento consistirá em oferecer um norte à dimensão de expressão, em seus aspectos verbais, visuais e sensoriais, no que diz respeito aos principais pontos de contato do cliente com a marca: em geral, a loja e o produto. Haverá um aroma associado à marca? Uma cor? Um sabor? Uma experiência? O banco americano Wells Fargo, fundado em 1852 e com sede em São Francisco, na Califórnia, promove tours para crianças em suas agências, em companhia de um guia que explica a função do banco e lança as primeiras sementes para que se tornem futuros investidores. Isso gera conexão com a marca.

AS TRÊS FACES DA DIMENSÃO DE EXPRESSÃO

A construção de um planejamento estratégico que ofereça respostas a todos os elementos da **dimensão estratégica** resulta em um documento que ajuda a nutrir quem trabalha para e com a empresa e também funciona como um guia para desenvolver a **dimensão de expressão** de uma marca. Entregue a uma equipe competente de design, esse documento instrui sobre o desenho do logotipo e da embalagem e sobre o visual das instalações – enfim, sobre todos os elementos visuais, verbais e sensoriais que vão impactar o cliente em seu relacionamento com a marca. Um design que captura com perfeição a essência de uma marca tem potencial para se tornar imortal. Observe, por exemplo, este logotipo:

Breguet
Depuis 1775

O logo não está completo. Caso você não conheça a marca, falta a ele um elemento decisivo para indicar do que se trata. Costumo apresentá-lo dessa forma, incompleto, em palestras a estudantes, profissionais de branding e entusiastas do tema e, na sequência, perguntar: "É uma marca de quê?" As respostas variam, mas apontam invariavelmente para o segmento do luxo (canetas, joias, relógios, vinhos), e é exatamente disso que se trata. Foi o design que criou o fundamento para a conexão instantânea com o luxo, por meio de uma tipologia manuscrita e elegante que entrou para o inconsciente coletivo como indicador de objeto luxuoso.

Breguet

Depuis 1775

Breguet é uma marca suíça tradicional de relógios, fundada em 1775 pelo relojoeiro Abraham-Louis Breguet (e adquirida em 1999 pelo grupo Swatch). Fico imaginando o Sr. Breguet concebendo sua grande marca há cerca de 250 anos. *O que será a minha empresa?*, deve ter se perguntado. Uma empresa de relógios finos, luxuosos. *Que diferencial terá?* Serão os relógios mais precisos do mundo. *Quais são as razões para que um cliente adquira um relógio Breguet?* A experiência da família, que atua há décadas nesse ramo. *Que personalidade minha marca terá?*, continua a pensar o Sr. Breguet. E responde: sua marca emprestará status a quem a usar e será reconhecida no universo da alta joalheria. *Qual a promessa da marca?* Quem comprar saberá que não existem dois Breguets iguais. E assim por diante. Pouco se sabe, na realidade, sobre como foi esse exercício de identidade da marca Breguet, realizado há quase dois séculos e meio, mas a simulação nos ajuda a pensar nos elementos que forjaram a marca, associando-a inexoravelmente ao universo do luxo.

Os três componentes da **dimensão de expressão** de uma marca – o verbal, o visual e o sensorial – são autoexplicativos, de certa maneira. Porém, sobre eles, vale destacar alguns pontos:

1. Verbal – Abrange os diversos elementos de retórica, público, linguagem e conteúdo. Será possível construir repertório, nuvem de palavras, comunicação, a mensagem que se quer passar.
2. Visual – Abrange os diversos elementos de cores, padrões, formas, imagens e signos. São os mais conhecidos e compreendidos tanto no mundo empresarial quanto no universo de consumo.
3. Sensorial – Abrange os elementos de tato, olfato, paladar e audição.

Esse componente tende a ganhar cada vez mais importância nas próximas décadas, à medida que se desenvolverem novas dimensões para a elevação da experiência de marca – atualmente, já se fala em 8D. Há marcas que utilizam realidade virtual, gamificação e inteligência cognitiva para expandir o aspecto sensorial da experiência. A realidade virtual permite aos clientes Volvo fazer um test drive do SUV de luxo XC90 sem sair de casa. Da mesma forma, a rede britânica de fast-fashion Topshop usou esse recurso para "transportar" clientes para a primeira fila dos desfiles da celebrada Semana de Moda de Londres.

—

Além de todos os aspectos de planejamento que descrevi, vale lembrar que construir um bom design de marca envolve duas particularidades fundamentais e complementares. A primeira diz respeito às competências necessárias para uma execução técnica: design gráfico e desenho industrial. Há empresas que desenvolvem embalagens lindas, mas herméticas – o consumidor admira, mas não consegue descobrir como funcionam. No entanto, um designer familiarizado com a abordagem do design thinking saberá refletir e se colocar no lugar do consumidor e propor soluções que congreguem beleza, inovação e funcionalidade. A segunda diz respeito a uma compreensão profunda do negócio, o que passa pela gestão e pela estratégia. Essa compreensão é vital para que o design traduza a identidade de marca.

Graças a um mergulho profundo na concepção, na estratégia e na gestão da empresa de contratação de executivos Flow, foi possível criar uma marca diferenciada. A que havia quando iniciamos nosso trabalho na então jovem empresa exibia certa frieza e uma assinatura longa e igualmente distante.

Para substituí-la, redesenhamos o logo e inserimos uma assinatura breve, simples e calorosa que sintetizava o novo espírito do empreendimento:

Antes

FLOW

HUMAN CAPITAL FOR FINANCE & BANKING

Depois

FLOW

EXECUTIVE FINDERS

A EXPERIÊNCIA DO CLIENTE

Igor Schultz, sócio da Flow

"Desde o início da nossa empresa, nós, os sócios, tínhamos um incômodo com a identidade da marca. Ela não refletia o que queríamos ser em termos de estrutura, gestão e governança. Até então, nossas experiências consistiam em procurar uma agência de publicidade, explicar aos executivos o que fazíamos em uma conversa de duas ou três horas e esperar que nos enviassem um logo para aprovação. Eles também sugeriam o discurso que deveríamos levar aos nossos clientes. Foi assim que surgiu nosso primeiro logotipo, mas não estávamos satisfeitos.

Quando conhecemos o conceito ABOVE ALL©, entendemos por quê: uma marca só pode traduzir o que somos se for realmente embasada no negócio, de uma maneira profunda e honesta. Isso exige mais do que uma conversa com a agência. A consultoria responsável pela implementação do projeto na Flow esmiuçou o nosso negócio em reuniões longas e estimulantes, buscando entender nosso mercado, as alavancas do nosso serviço e o modo como impactávamos os clientes. Foi completamente diferente. Por meio de pesquisas sobre o segmento, entendemos mais sobre o mercado, decodificamos o que faziam nossos concorrentes e encontramos o nosso posicionamento diferenciado.

O arquétipo da marca – a figura do Mago, com seu poder transformador – nos ajudou a pensar na essência do nosso negócio. Desse trabalho resultou um conceito consistente de empresa, e, a partir daí, o design do logotipo se definiu de maneira natural, harmoniosa, tanto que continua nos representando."

FRIBOI: ARQUITETURA DE MARCAS

Em 2014, a direção da JBS, maior processadora de carnes do mundo, tinha tomado uma decisão de negócios aparentemente tranquila em relação a uma de suas marcas, a Swift, adquirida sete anos antes, em 2007, e considerada internamente uma marca premium. Entre seus produtos havia carnes especiais, maturadas por vários dias ou submetidas a processos que resultavam em cortes mais macios e saborosos. Essa linha era o cartão de visita de um programa de relacionamento da companhia com supermercados que tinham açougues especiais. Além de oferecerem carnes diferenciadas, os Açougues Nota 10, como eram chamados, beneficiavam-se de treinamentos especiais para seus funcionários e cravavam uma vantagem competitiva importante diante da concorrência. A decisão de negócios veio abalar esse equilíbrio: a JBS decidiu criar lojas exclusivas para a comercialização da marca Swift, denominadas Mercado da Carne. Nos Açougues Nota 10, a Swift seria substituída por uma nova marca, Reserva, de excelência equiparável, segundo a companhia.

O problema é que os proprietários dos Açougues Nota 10 se sentiram preteridos. Para piorar, havia ainda vultosos investimentos em publicidade canalizados para a divulgação da marca Friboi, enquanto a marca substituta da Swift, Reserva, não emplacava. Na época, havia cerca de 500 Açougues Nota 10. A JBS pretendia dobrar esse número, porém se deparava com o duplo desafio de manter as lojas já existentes, insatisfeitas com a mudança, e, de quebra, atrair novas.

Minha consultoria foi chamada em meio a esse imbróglio com dois objetivos: fazer com que o varejista valorizasse a nova marca e convencer o consumidor final de que o produto era tão bom - ou melhor - do que os da marca antecessora.

Como todos os trabalhos que realizamos, esse começou com entrevistas aprofundadas com representantes de toda a cadeia do produto - consumidores, compradores, proprietários de açougues. Rapidamente percebemos que a questão não se restringia à nova marca oferecida aos Açougues Nota 10, a Reserva. A empresa tinha várias marcas que se posicionavam no mercado sem a clareza necessária. Para oferecer soluções duradouras para o atrito com os Açougues Nota 10, era preciso recuar alguns passos e abordar toda a arquitetura de marca das carnes Friboi e a estratégia empresarial na qual ela se baseava.

Com a concordância da direção da empresa e da gerência de marketing, gradualmente ampliamos o escopo do trabalho e passamos a olhar também para outros canais de venda, como os atacadistas, as grandes redes e as redes menores de supermercados, os mercados regionais, os "atacarejos", os estabelecimentos de *food service* (como churrascarias e restaurantes), os açougues de bairro, os mercados especializados – cada um com modelo de negócio próprio, clientelas muitos particulares e necessidades idem.

Para solucionar essa equação de marcas, minha equipe pesquisou desde a origem da carne (criação, raças, tipos e cortes) até as variáveis que poderiam melhorar a qualidade. Ouvimos inicialmente cerca de 70 pessoas, do profissional que negociava a compra do boi ao presidente da empresa, passando pelo time de marketing e pelas promotoras de vendas que atuam no corpo a corpo com o consumidor. Fomos a vários estabelecimentos, fotografamos, simulamos compras, tudo para maior aculturamento sobre o mercado. Realizamos estudos de observação em supermercados, pesquisas quantitativas e qualitativas, grupos de discussão, estudos etnográficos avaliando, na casa do cliente, como ele se relacionava com a carne, nosso objeto de interesse – enfim, todo o arsenal de produção de conhecimento recomendado pelo conceito ABOVE ALL© e sua metodologia de implementação.

Encerrada a fase de análise de pesquisas, avaliamos o plano de negócios daquela unidade e a decisão de dobrar o número de lojas vinculadas ao programa de relacionamento. Foi necessário realizar uma intervenção no planejamento, colocando em bases mais realistas as projeções para os anos seguintes. Isso implicava um olhar atento também à equipe, ao preço, ao trabalho da área comercial, chegando à minúcia de repensar o processo de abordagem do vendedor ao comprador ou ao dono do supermercado.

Até então, nenhuma das diversas agências ou estúdios de design que tinham atendido a JBS no quesito marca havia se envolvido na gestão da empresa, o que justifica o estranhamento da equipe interna quando explicamos que isso era imprescindível. Essa intromissão explica também os bons resultados que obtivemos: em 2016, por exemplo, o número de Açougues Nota 10 cresceu 28%. Isso demonstra a força da interconexão entre os três pilares que compõem o processo de branding: o marketing, o design e a gestão empresarial.

A arquitetura de marcas que resultou desse extenso trabalho definia a Friboi como marca-mãe e apontava a importância de conectar todas as demais marcas do grupo a essa referência forte de qualidade. Em nosso redesenho, a carne destinada aos canais de venda mais sofisticados seria a Angus Friboi; a Reserva ocuparia o segmento de carnes selecionadas com cortes diferenciados; a carne maturada seria rebatizada de Maturatta Friboi; para o canal *food service*, teríamos a Do Chef Friboi, e assim por diante.

Consagrada e objeto de campanhas publicitárias de grande alcance, a marca Friboi foi cuidadosamente redesenhada por nós, com o cuidado de não nos afastarmos da proposta original porém visando melhorar a legibilidade do logotipo em todas as plataformas – sobretudo a digital. Afinal, se uma marca não for bem construída, sua percepção pode ficar comprometida ou diminuída, por exemplo, em banners compartilhados com outras marcas ou quando for necessário reduzir o tamanho de etiquetas. Falo de problemas técnicos, que podem – e devem – ser trabalhados por designers competentes.

Uma marca, sempre vale relembrar, é como um projeto arquitetônico: se o telhado não for bem projetado, ele pode ser varrido pelo vento ou superaquecer uma casa em dias de calor. É importante observar também que a maioria das marcas que existem hoje não foi pensada para o ambiente digital, exigindo aperfeiçoamentos para um bom desempenho em aplicativos, por exemplo. Outro ponto de atenção, no caso de um produto que necessita de um selo de aprovação governamental, é a legislação vigente, que pode demandar maior ou menor quantidade de informação no rótulo. Cada um desses aspectos deve ser analisado de maneira atenta pelo time de design.

Todos os pilares foram endereçados no longo trabalho para a JBS, que se estendeu por 26 meses e tornou-se conhecido mesmo entre gestores de segmentos diferentes. Essa abrangência não estava contemplada no projeto inicial e, como costuma acontecer em situações assim, despertou resistência em um primeiro momento. A regra é as empresas se deterem em

Antes *Depois*

Antes

Depois

O logotipo redesenhado, com mudanças sutis para não se distanciar do original, e a nova arquitetura de marca

questões pontuais, atacando, como já vimos, os efeitos e menosprezando as causas de seus problemas. Porém, ao nos depararmos com uma questão, procuramos avaliá-la da maneira mais completa possível e no longo prazo.

Quando fizemos esse exercício diante do dilema apresentado pela JBS, não nos limitamos a compreendê-lo como uma problemática de um único canal, e sim da estrutura de canais. Mais do que uma equação de arquitetura de marcas – o que também fizemos –, colocamos nosso foco em um entendimento maior do mercado de carnes e da maneira como as pessoas se relacionam com esse alimento. Levamos para a empresa indicadores – elementos quantitativos e qualitativos, tangíveis e intangíveis, tendências e comportamentos, notícias, movimentos estratégicos em mercados mais maduros – que mostravam a impossibilidade de trabalhar uma marca de modo isolado. Se isso fosse feito, certamente não solucionaria os problemas da empresa. Nossa argumentação foi no sentido de levar as questões envolvendo as marcas para um horizonte mais extenso de tempo, em um processo que, mesmo de execução mais longa, pudesse agregar valor à organização.

O que fez a diferença, nesse caso, foi o engajamento genuíno dos gestores no projeto, ainda que isso significasse abrir mão das confortáveis respostas de curto prazo em prol de soluções duradouras. A liderança envolveu-se desde a primeira apresentação. "A implementação do ABOVE ALL© trouxe para o debate um ponto sensível e importante: o benefício financeiro que adviria de abrir o escopo do trabalho", conta Maria Eugênia Rocha, à época gerente executiva de marketing da divisão de carnes da JBS, que nos introduziu na organização e nos acompanhou durante todo o desenrolar do projeto. "Internamente, as pessoas entenderam a relevância de trabalhar o conceito de marca aplicado ao mercado de carnes, até então apenas uma commodity. Isso entrou no DNA da organização. Houve um entendimento profundo de quanto a marca contribui para o resultado do negócio."

Na primeira reunião, quando explicamos nosso planejamento para os meses seguintes, o presidente da divisão de carnes da JBS estava sentado ao meu lado, junto com a gerente de marketing. Obviamente, o presidente não esteve presente em todos os encontros, porém teve participações importantes para demonstrar seu apoio ao projeto. Hoje, um cliente que entra em uma loja – seja ela um hipermercado, seja um mercadinho de bairro – sabe exatamente qual é a entrega de cada marca sob o guarda-chuva Friboi.

A EXPERIÊNCIA DO CLIENTE

Renato Costa, presidente da divisão de carnes da JBS

"Quando começamos nosso envolvimento com o conceito ABOVE ALL©, já fazia alguns anos que vínhamos trabalhando para implementar os preceitos de branding em uma categoria que até então não tinha essa diferenciação. Era uma iniciativa nova no mercado, e a certa altura buscamos apoio de profissionais experientes e organizados, com uma metodologia consistente, que nos ajudassem nesse percurso. Para realizar o trabalho, era preciso segmentar canais, entender as características de cada canal e identificar as marcas que seriam direcionadas a cada um deles. Por fim, precisaríamos comunicar ao consumidor o que eram os nossos produtos.

Para elaborar uma proposta, a equipe responsável pela implementação do conceito fez um mergulho na nossa indústria, que tem como uma de suas características principais o fato de não sermos donos da matéria-prima. O gado pertence ao pecuarista. Temos 70 mil cadastrados, em 11 estados brasileiros. Mantemos relacionamento comercial frequente com 40 mil. Nosso grande desafio é trabalhar com a heterogeneidade de maneira a garantir as nossas premissas – origem, rastreabilidade, sustentabilidade – porém contemplando a questão da matéria-prima que faz parte do nosso dia a dia. Foi assim que construímos juntos as características dos produtos Reserva, Maturatta, Do Chef, entre outros. A cada encontro abríamos mais os olhos para a questão do segmento, do propósito de cada marca em cada canal e da história por trás dela.

O trabalho de arquitetura agregou valor às marcas, desde o posicionamento mercadológico até o layout das embalagens. Temos uma cesta de indicadores internos para medir resultados e percebemos melhora no desempenho, desde giro de estoque até margem de contribuição, passando pelo encarte nos pontos de venda. Até então, carne no supermercado era apenas carne. Nosso trabalho de marca mudou esse cenário. O design das marcas contribuiu bastante para isso, porque ficou muito bom e chamou a atenção do consumidor."

PARTE VI

Experiência de marca: o que realmente importa

15
A conquista da lealdade

Neste momento – em que todos os elementos do ABOVE ALL© já foram apresentados e detalhados em profundidade; em que ficou claro por que gestão, marketing e design se entrelaçam a partir da origem de uma estratégia; em que se compreendeu de que maneira a produção contínua e bem orientada de conhecimento contribui para a inovação, alimentando a estratégia e, se necessário, realinhando-a à luz de cada novo conjunto de informações – é chegada a oportunidade de abordar a última metodologia do conceito. Estamos falando da JORNADA E EXPERIÊNCIA DE MARCA, que envolve o início e o fim desse processo, o encontro entre expectativa e realidade.

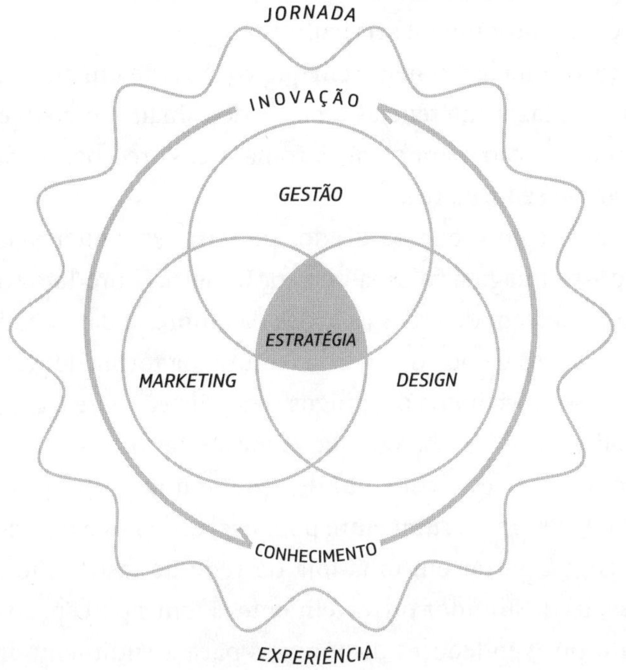

Ao final do dia, conhecimento, inovação, estratégia, gestão, marketing e design convergem para proporcionar ao cliente a melhor experiência de marca possível, de maneira a encantá-lo e gerar o que conhecemos como ciclo de lealdade e, quem sabe, talvez um dia extrapolar esse ciclo para outro universo, transportando o cliente até uma órbita mais distante do comum, a dos clientes advogados de marca.

A primeira fase do relacionamento que se estabelece entre um produto ou serviço e o cliente é a da **percepção de marca**. A percepção pode ser definida como a expectativa que o consumidor de um produto ou serviço cria a partir de experiências de outras pessoas ou do impacto que esse produto ou serviço gerou nele *sem que tenha havido ainda um contato direto*. É o primeiro "sentimento" na longa jornada rumo à experiência, um conjunto de representações construído dia após dia até, talvez, converter-se em uma experiência tangível.

Vamos analisar, por exemplo, um grupo de apaixonados por carros esportivos. Entre eles, poucos têm ou tiveram um Porsche, porém a **percepção** de que se trata de uma joia motorizada provavelmente será unânime. Quando um desses aficionados tiver a oportunidade de dirigir um Porsche, estará concretizada a **experiência**, que pode ser definida como o resultado do contato com o produto ou serviço.

A percepção é aquele momento em que você avista um possível par amoroso e começa a fazer inferências a partir dos sinais e mensagens que seu cérebro (e seu coração, para os mais românticos) recebe. A experiência é quando a relação se torna real.

O tempo todo somos bombardeados por empresas interessadas em imprimir em nosso imaginário uma percepção de seus produtos ou serviços. Essa percepção advém de todas as ações da empresa: da comunicação que ela faz, dos recursos de que dispõe, da cultura, da forma de gestão... e também do que nossos vizinhos ou amigos têm a dizer sobre ela, e até mesmo (cada vez mais) dos fatos e boatos que pipocam nas mídias sociais. Seja institucional ou pessoal, esse conjunto de ações e impressões provocará uma percepção boa, neutra ou ruim entre potenciais clientes e não clientes.

Quando cogita entrar em uma loja da rede de fast-fashion Zara pela primeira vez, o consumidor provavelmente já tem a percepção de que não será recebido por vendedores disponíveis para atendimento individualizado e que terá pouco sucesso ao abordar alguém para pedir uma peça de outro tamanho ou outra cor. Porém provavelmente tem também a expectativa de que encontrará peças de qualidade mediana, inspiradas nas últimas coleções dos estilistas que ditam moda e vendidas a preços muito acessíveis em comparação com as butiques renomadas. O encontro entre essas percepções e a realidade das lojas se materializa em uma boa experiência de marca, o que vem levando a rede do grupo espanhol Inditex ao pódio do varejo de roupas, com faturamento de 26,1 bilhões de euros em 2018, o maior do setor em todo o mundo.

É diferente da percepção que um consumidor tem da sofisticada rede de moda brasileira Le Lis Blanc, onde uma vendedora provavelmente acompanhará a cliente ao longo de seu percurso pela loja, sugerindo compras e combinações. Embora sejam percepções distintas, cada modelo de negócio encontra seu público e produz diferentes – mas nem por isso insatisfatórias – experiências de marca. Nesse caso especificamente, há uma tremenda sobreposição entre os públicos que compram na Zara e na Le Lis Blanc – e que cada dia estão mais abertos à experimentação. Como se vê, não há modelo certo nem errado: há o que atende às necessidades de cada grupo, provendo experiências de marca à altura das percepções do cliente.

EXPERIÊNCIAS VALEM POR TODA UMA VIDA

Se a estratégia é o ponto central do ABOVE ALL©, a experiência de marca é o ponto mais externo. É onde a estratégia encontra o consumidor. Podemos defini-la como o conjunto de interações de uma marca com seus públicos de interesse. Ela acontece todos os dias, o tempo todo, ininterruptamente. Envolve todos os pontos de contato com aquela marca: a comunicação – que pode ser definida como um chamado à experiência –, as embalagens, a loja, o estacionamento; mas também a maneira como se atende o telefone ou se responde a um e-mail, a logística, a interface do colaborador com o cliente e muito mais.

Uma companhia que fabrica sapatos mas terceiriza as entregas para um parceiro de logística, por exemplo, precisa entender que, no momento em que esses dois atores se unem, tornam-se indissociáveis aos olhos do cliente. Ao receber sua encomenda com dois dias de atraso ou com a embalagem danificada, o consumidor não fará distinção entre "a ótima" empresa que confeccionou o produto e "a péssima" que fez a entrega fora do prazo. A experiência de marca é única e indivisível.

Há muita fantasia em torno da experiência de marca. Para muita gente, o exemplo perfeito é a Disney, onde todos os serviços funcionam de modo impecável. Mas a verdade é que uma boa experiência de marca não envolve momentos de êxtase nem cenas de cinema: na maioria das vezes, o consumidor espera apenas ser bem atendido, respeitado e ter seus problemas resolvidos com eficiência e empatia. Isso vale para qualquer empresa, em qualquer área, independentemente do porte.

Uma boa experiência de marca tem a simplicidade do arroz com feijão: atender com presteza quando o cliente fizer contato; se ele tem uma queixa, entender por que ele reclama, enviar os sinais certos, sem criar falsas expectativas, e solucionar a questão. E volto ao ponto crucial deste livro: como é possível que a experiência de marca esteja conectada ao marketing, à comunicação e até ao design mas não à gestão?

O que garante uma experiência de marca satisfatória é a relação entre as pessoas em conjunto com um "pacote" de experiências sensoriais, mas não só. É claro que elementos como embalagem, facilidade de manuseio, rótulo, aroma e cor do produto, bem como música ambiente na loja, layout e projeto arquitetônico influenciam essa experiência, mas tudo isso cai por terra se não houver gestão. Uma empresa pode ter a loja mais bonita do mundo e servir champanhe em taças de cristal, mas, se o vendedor não souber tratar adequadamente o cliente, a experiência será ruim, e pronto.

A maioria das companhias brasileiras ainda está muito distante de uma boa experiência de marca. Embora muito se fale sobre isso, o bom e velho resultado prático segue sendo raro. Para torná-la a melhor possível, é preciso que os líderes de uma organização tenham em mente: 1) qual é a experiência de marca que seu cliente está vivenciando; e 2) partindo dessa informação, qual é a experiência que eles desejam proporcionar no futuro. O problema é que ainda hoje há muitas empresas que jamais fizeram uma única pesquisa sobre o relacionamento que seus clientes desenvolvem com seus produtos, quanto mais um acompanhamento regular, sistemático e analítico desses contatos.

O ABOVE ALL© provê duas metodologias para gerenciar a experiência de marca que podem ser aplicadas e monitoradas rotineiramente pelas próprias equipes existentes em qualquer organização a partir da elevação da consciência coletiva de que cada ponto de contato, como apontei, impacta a experiência individual do consumidor.

JORNADA DE DECISÃO DE COMPRA

É hora de dar um passo para trás e lembrar que, antes da experiência de marca, existiu uma jornada de decisão. É essa jornada, combinada com a experiência, que produzirá o efeito que qualquer marca ambiciona: ganhar a *lealdade* do cliente. O grande objetivo de produzir uma boa experiência de marca é construir um relacionamento leal com o consumidor do seu produto ou serviço, ao entregar algo tão relevante e consistente que ele certamente voltará a comprar aquele bem ou serviço.

Há diferenças sutis entre lealdade e fidelidade. Para mim, enquanto a fidelidade pode ser circunstancial, a lealdade envolve valores e transcende o simples benefício do produto ou serviço. Vivenciei essa diferença quando investigamos a relação entre consumidoras e produtos dermocosméticos. Descobri que, quando se tratava de produtos para o rosto, as clientes eram leais a suas marcas preferidas, pois temiam que um novo creme lhes causasse alguma reação alérgica ou outro problema. Assim, dificilmente experimentavam marcas diferentes daquelas às quais eram leais. Essa lealdade simplesmente desaparecia quando os produtos eram para pés, mãos e corpo. Nesse caso, até se mantinham fiéis às marcas que usavam sempre, mas estavam sempre dispostas a experimentar e, quem sabe, trocar por um produto de outra marca.

Quando o cliente vivencia uma boa experiência de marca e desenvolve com o serviço ou produto uma relação de no mínimo fidelidade e, na melhor das hipóteses, de lealdade, afasta-se, ao menos de imediato, o risco de que ele volte ao ponto inicial da jornada de decisão de compra – ou seja, que recomece a pesquisa que o levará ao que se convencionou chamar de árvore de decisão de compra, o conjunto de critérios que cada um de nós elenca para adquirir algum produto ou serviço.

Considero fundamental compreender a jornada de decisão do cliente para dar respaldo a todas as providências que serão tomadas pela organização a partir desse entendimento. A jornada de decisão de compra, representada pela imagem a seguir, sintetiza com clareza esse entendimento do processo.

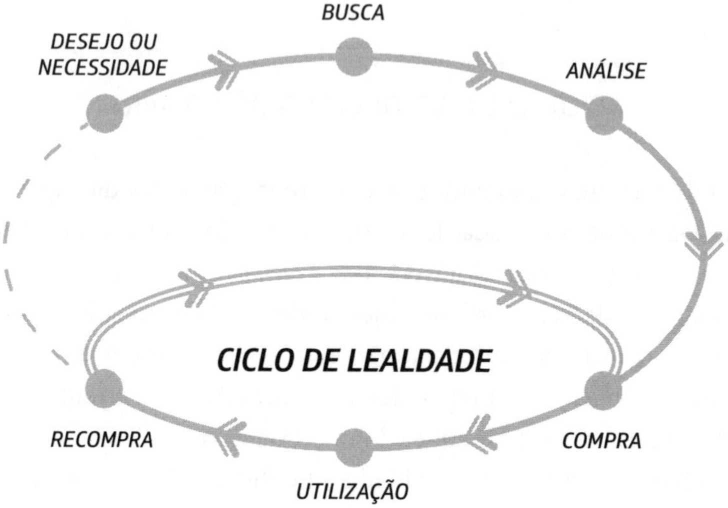

O primeiro passo para realizar esse mapeamento com efetividade é capturar os verdadeiros *motivadores*. Motivadores são os fatores que desencadeiam a necessidade, o desejo ou o ímpeto de buscar um produto ou serviço. Podem estar ligados a status, pertencimento, necessidades básicas e cobranças familiares, entre outros gatilhos. Uma pessoa pode querer comprar um carro importado para impressionar os amigos e projetar uma imagem de sua posição financeira, por exemplo, ou pode estar em busca de um veículo maior porque teve um filho.

Os motivadores são o ponto de partida de uma jornada de decisão de compra. Porém essa jornada não é linear; na verdade, a cada dia se torna mais complexa e caótica. Impelido pelo(s) motivador(es), o consumidor pode fazer diversos percursos até decidir sua compra. Pode buscar informações na internet, pedir recomendações a amigos e familiares, colher opiniões junto a uma associação ou um clube de usuários. Pode fazer uma análise reversa, buscando sites que registram queixas de consumidores e averiguando o número de reclamações em comparação com a concorrência ou o índice de solução atingido por cada empresa. Pode até desistir da compra.

Voltando ao exemplo do carro, vamos imaginar um cliente que costume ser fiel às marcas alemãs mas que no momento esteja com um orçamento limitado. Se a prioridade é essa, é natural que ele abra o leque de opções e considere uma cesta de marcas que se enquadrem no total que reservou para aquela compra. Ele tende, então, a analisar cada argumento que coletou e, à luz dessa combinação de fatores, optar por essa ou aquela aquisição. Porém, se já tiver uma relação consolidada com uma marca, pode ir direto para a árvore de decisão, sem fazer "paradas" pelos pontos de busca, análise e compra. Esses fatores mudam o tempo todo.

Por isso, recomendamos mapear todos os caminhos da jornada de decisão de compra, definindo quais aspectos são mais importantes para seus clientes. Isso é decisivo para a experiência de marca e para produzir o que conhecemos como ciclo de lealdade: a repetição da compra, revalidando o vínculo com determinada marca ou empresa, independentemente do tempo decorrido entre uma compra e outra. Mesmo que outras marcas impactem esse consumidor com ofertas e tentações, o cliente que entrou no ciclo de lealdade tende a se manter firme em sua escolha.

Todos os dias, de maneira consciente ou não, realizamos várias jornadas de compra, envolvendo desde produtos do cotidiano, como pasta de dentes, até uma viagem de férias, um curso, uma casa. E cada jornada vai gerar uma experiência de marca, que, por sua vez, influenciará a relação do cliente com o produto ou serviço e terá potencial (ou não) para produzir lealdade. Para uma boa experiência de marca, é vital que a empresa se preocupe o tempo inteiro com o desempenho de seu produto ou serviço, aproximando-se da realidade do cliente e buscando de maneira incessante melhorias capazes de surpreendê-lo e cativá-lo.

No ABOVE ALL©, isso se faz de maneira cíclica, por meio da produção constante de conhecimento. Como já vimos, nosso conceito recomenda a realização de pesquisas frequentes para apurar junto ao consumidor como ele utiliza o produto e captar de maneira precisa essa "pulsação". O raciocínio é cristalino: quando uma empresa produz um bem que chega ao consumidor após uma jornada de compra, ela gera necessariamente uma experiência de marca. Quanto mais essa empresa conhece sobre a experiência do cliente com a marca, mais revelações terá para produzir inovação, que, por sua vez, poderá aprimorar a experiência de marca, gerando mais conhecimentos que resultarão em outras inovações, em um encadeamento virtuoso.

Um fabricante de produtos de limpeza detectou por meio de pesquisas com seus clientes que o detergente de pia da marca, embora fosse eficiente, deixava as mãos ásperas. Ele então encomendou ao seu departamento de pesquisa, desenvolvimento e inovação uma fórmula mais suave, que não agredisse as mãos durante o uso. Desenvolvido o novo detergente, sua característica inovadora foi comunicada em meios de massa e via mídias sociais. Esse é um bom exemplo de empresa que se mantém atenta à pulsação do desejo dos clientes. Alguém duvida do potencial do novo produto para criar um ciclo de lealdade, caso a promessa seja cumprida?

MAKSOUD: AJUSTANDO A EXPECTATIVA PARA MELHORAR A EXPERIÊNCIA

A experiência está diretamente ligada à expectativa. Há experiências positivas e negativas, ditadas por baixas e altas expectativas, e é preciso equacionar com delicadeza e inteligência esse encontro. Nosso extenso trabalho junto ao Hotel Maksoud Plaza, em São Paulo, revelou-se particularmente desafiador nesse quesito.

No que diz respeito à experiência do hóspede desse hotel, que, lembrando, era um dos mais luxuosos dos anos 1980 em São Paulo, o problema estava, de maneira paradoxal, justamente em seu maior valor: uma marca forte, notória em seu segmento, com 40 anos de história. Poderosa a ponto de ser componente importante do planejamento estratégico para capturar valor de maneira sustentável e longeva, a marca trazia consigo expectativas elevadíssimas em relação à experiência. E esse era o problema: a experiência de 2018, ano em que intensificamos fortemente nosso trabalho de consultoria junto ao hotel, era muito diferente daquela dos anos 1980.

Embora o Maksoud tivesse passado por melhorias pontuais em décadas mais recentes e mantivesse um serviço gentil, quartos espaçosos e uma estrutura impecavelmente funcional, já não era mais possível definir a experiência de hospedar-se lá como "luxuosa". O rótulo do passado deixara de caber no hotel, que não passava por reforma geral havia mais de vinte anos.

Em São Paulo, o público que busca luxo e exclusividade costuma hospedar-se atualmente no tradicional Fasano e no arrojado Unique, ambos no bairro dos Jardins, ou no Palácio Tangará, no Morumbi, nenhum dos quais existia quando o Maksoud estava no auge. Esses hotéis realmente entregam uma experiência luxuosa, mas a preços muito mais elevados do que as diárias cobradas pelo Maksoud. O público que hoje tem poder aquisitivo para se hospedar no Maksoud, porém, desembarca em seu lobby grandioso com a mesma expectativa de luxo e exclusividade do passado – gerada justamente por sua marca forte. E se frustra, porque o hotel, apesar de belo, confortável e com bom atendimento, não provê a experiência que habita o imaginário dos atuais hóspedes.

Nesse cenário, como proporcionar uma experiência de marca positiva? Investindo no ajuste das expectativas. Por enquanto, o que é possível fazer – e foi essa nossa recomendação no planejamento estratégico – é cuidar da comunicação no site e nas demais plataformas de contato do hotel com seus diversos públicos. Expressões como "luxo" e "experiência única", que evocam vivências que o Maksoud não pode proporcionar hoje, foram substituídas por "um novo clássico", "referência em hotelaria" e "experiências personalizadas". Da mesma forma, o dourado do logotipo icônico foi substituído pelo preto. Acreditamos que essa nova comunicação, mais alinhada com o que o hotel oferece no momento, contribuirá cada vez mais para equalizar expectativas e entrega, melhorando sua qualificação em sites de recomendação alimentados por viajantes. No TripAdvisor, por exemplo, o Maksoud vem ganhando posições de maneira consistente. Em agosto de 2019, 78% das avaliações eram "Excelente" (43%) ou "Boa" (35%), conferindo ao hotel o Certificado de Excelência.

A seguir, reproduzimos a jornada de decisão de compra e a experiência de marca do cliente Maksoud, exemplificando, por meio delas, a aplicação de nossa metodologia. Vale observar a distinção entre os pontos gerenciáveis e os não gerenciáveis. Serviços, infraestrutura, atendimento e canais on-line são pontos que o hotel consegue gerenciar 100% e em relação aos quais é capaz de oferecer a melhor experiência a seus hóspedes. É importante (e, mais do que isso, é possível, se houver uma boa gestão) investir na qualidade desses pontos de contato. Por outro lado, é impossível gerenciar o boca a boca, o conteúdo de blogs e a avaliação em sites como o TripAdvisor. Aí, apenas a boa experiência de marca será capaz de garantir boas avaliações.

JORNADA DE DECISÃO DE COMPRA

DESEJO E/OU NECESSIDADE

MOTIVADORES

- ○ Evento corporativo
- ○ Evento empresarial
- ○ Compromisso profissional
- ○ Evento de lazer
- ○ Evento pessoal
- ○ Férias

PONTOS DE CONTATO

- • Canal on-line: Facebook, Instagram, Twitter, site institucional, aplicativos, etc. ⚠
- • Produtos e souvenirs ⚠
- • Canal off-line: revistas, flyers, banners, outdoors, guias, jornais, etc
  Outros canais: televisão, rádio, cinema, out-of-home, etc.
  Eventos do setor hoteleiro
  Eventos de ativação e relacionamento

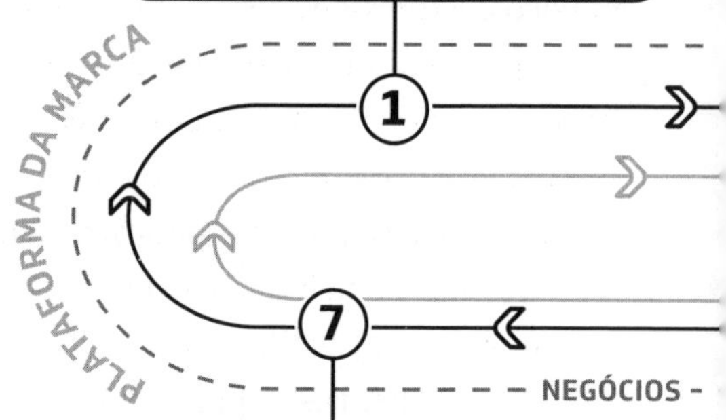

CONCLUSÃO E DESEJO DE RETORNO

EMOCIONAIS E INTANGÍVEIS

- ○ Experiência positiva
- ○ Atendimento da equipe
- ○ Satisfação
- ○ Relacionamento com a equipe

RACIONAIS E TANGÍVEIS

- • Relação custo-benefício
- • Pesquisa de satisfação
- • Feedback
- • Equipe de avaliação e acompanhamento
- • Brindes
- • Produtos para compra

LEGENDA:

- ○ NÃO GERENCIÁVEL
- • GERENCIÁVEL
- ⚠ ALTA RELEVÂNCIA

PERCEPÇÃO DA MARCA

PROCURA POR DESTINOS

FONTES DE INFORMAÇÃO E INFLUENCIADORES:

- ○ Amigos/familiares/conhecidos ⚠
- ○ Agente de viagens ⚠
- ○ Guias de viagem ⚠
- ○ Experiências anteriores ⚠
- ○ Blogs
- ○ Jornais
- ○ Publicações especializadas
- ● Internet ⚠
- ● Sites de viagem ⚠
- ● Aplicativos ⚠
- ● Mídias sociais ⚠
- Eventos de ativação e relacionamento
- Eventos do setor hoteleiro
- Site institucional
- Equipe de atendimento e vendas do hotel
- E-mail marketing
- Parceiros

ÁRVORE DE DECISÃO DE COMPRA

EMOCIONAIS E INTANGÍVEIS

- ○ Boca a boca
- ○ Facilidade ⚠
- ○ Confiança ⚠
- ○ Status ⚠
- ○ Segurança
- ○ Reconhecimento
- ○ Atratividade turística
- ● Comodidade ⚠
- ● Atendimento
- ● Tradição

RACIONAIS E TANGÍVEIS

- ● Infraestrutura
- ● Serviços oferecidos
- Condições de pagamento
- Vantagens e benefícios
- Custos e despesas adicionais
- Política de cancelamento
- Facilidade de locomoção
- ● Reviews
- ● Ranking
- ● Localização
- ● Preço

GASTRONOMIA – ENTRETENIMENTO

2 » 3

LOOPING DE LEALDADE

6 « 5 « 4

ARTE – MÚSICA

DURANTE A HOSPEDAGEM

PONTOS DE CONTATO

- ● Espaço de eventos
- ● Estacionamento ⚠
- ● Check-in ⚠
- ● Funcionários ⚠
- ● Quartos ⚠
- ● Restaurante ⚠
- ● Check-out ⚠
- ● Site institucional
- ● Lobby
- ● Ambiente
- ● Atendimento
- ● Bar
- ● Spa
- ● Piscina
- ● Teatro

PREPARAÇÃO PARA A HOSPEDAGEM

PONTOS DE CONTATO

- ● Site institucional
- ● Central de atendimento Maksoud
- ● Concierge
- ● Mídias sociais
- ● Locker
- ● Guest services

COMPRA

CANAIS

- ○ Agências de viagens online
- ○ Marketplace Accor/Site do hotel
- ○ Agências de viagens
- ○ Central de vendas Maksoud
- ● Call center Accor
- ● GDS
- ● Front desk

EXPERIÊNCIA DE MARCA

Empresas que trabalham a produção de conhecimento, o marketing e a experiência de marca de modo isolado ou que deixam de cumprir uma parte que seja desse circuito terão, mais cedo ou mais tarde, que se haver com as consequências de suas decisões. A organização que não produz conhecimento contínuo sobre seu negócio, a concorrência, o mercado e o comportamento humano receberá a conta uma hora.

Quando o consumidor deixa de comprar, quando as margens diminuem, quando a empresa para de crescer, perde talentos ou não consegue atrair os melhores trainees, algum aspecto relevante está sendo negligenciado, o que pode pôr em risco a sobrevivência do negócio. De nada adianta ter um planejamento estratégico espetacular nem a melhor comunicação do segmento se falta produto na prateleira, se a embalagem não abre ou se a assistência técnica não funciona.

O MAPEAMENTO DA EXPERIÊNCIA

Em todas as companhias que visito, pergunto: "Você sabe qual é a experiência que seus clientes estão tendo com seu produto ou serviço? Sabe se precisa melhorar?" Uma resposta comum é: "Ah, o cliente me dirá." Prefiro acreditar em Steve Jobs, que defendia a ideia de que as pessoas não sabem o que querem até mostrarmos a elas. E mesmo as perguntas sobre a experiência devem ser formuladas com cuidado. Se um fabricante de canetas questionar um consumidor sobre o instrumento ideal para escrever, o cliente pouco terá a dizer. Porém, se perguntar se a caneta solta tinta demais, se borra as letras, se seu formato é confortável ao segurar, aí sim conseguirá respostas para melhorar seus produtos.

Por isso, a partir de entrevistas, discussões em grupo e pesquisas quantitativas, criamos um painel com os principais elementos da experiência de marca apresentados pelos clientes.

Em 2010, fizemos o primeiro mapa de experiência empregando essa metodologia para a Valmari. O trabalho começou com uma extensa pesquisa entre os colaboradores da fábrica, os funcionários das lojas e os franqueados, o que nos permitiu concluir que estávamos diante de um ambiente propício às transformações que seriam implementadas. Na outra ponta, avaliamos a experiência de quem utilizava os produtos Valmari. Dessa pesquisa, emergiram relatos que remetiam a uma experiência de marca ruim por causa de um detalhe de resolução simples: o fundo da embalagem de alguns cremes se abria. Esse tipo de situação é bastante comum no dia a dia das empresas: as más experiências muitas vezes estão relacionadas a problemas que podem ser resolvidos facilmente, a um custo baixo.

No caso da Valmari, embora as profissionais de beleza que usavam os produtos elogiassem a inovação e a qualidade, queixavam-se desse problema na embalagem. Levado à direção da empresa, esse relato, ouvido repetidas vezes durante o processo de produção de conhecimento sobre a empresa, resultou na substituição de uma máquina defeituosa na fábrica – um investimento baixo, porém de alta relevância para as usuárias dos produtos. Na época, a empresa cogitava anunciar em mídias de massa – o que poderia aumentar as vendas, mas também amplificar os efeitos negativos de defeitos como esse.

16
Em busca de confiança e prazer

As pessoas tomam decisões de compra o tempo inteiro, racionalizando motivadores e necessidades, realizando buscas, fazendo análises e alimentando expectativas que serão (ou não) contempladas em uma experiência de marca. As empresas deveriam estudar a jornada de decisão de compra e mapear a experiência do consumidor, levando em conta seu modelo de negócio, sua mecânica de vendas e seu relacionamento com o cliente.

Esse percurso, essencial para a sobrevivência de qualquer negócio, tem dois grandes momentos: o início da jornada e a finalização da compra. Entre eles, cada indivíduo vai construindo sua árvore de decisão. Mas, se perguntarmos ao consumidor o passo a passo desse percurso, dificilmente ele saberá resgatar e descrever essa árvore, apontando os critérios que levou em conta e os que geraram maior lealdade. Nós, gestores estratégicos, é que teremos que destilar e decodificar as respostas que nos chegam por meio dos comportamentos que conseguimos identificar. Ao final, com o apoio de boas pesquisas e muita produção de conhecimento, compreenderemos onde nossos clientes buscam informação e enxergaremos o caminho que percorreram.

Esse caminho é não linear e caótico, como expliquei. Há pessoas mais indecisas que percorrem uma jornada longa, enquanto outros tomam a decisão sem perguntar a ninguém. Em comum, porém, todos queremos boas experiências. Isso significa que buscamos satisfazer nossa necessidade com menor ou maior grau de prazer, o que determinará o quilate da experiência de marca.

Existe um conjunto de elementos em que não se pode falhar. Quando vamos a um restaurante, por exemplo, o prato que pedimos tem que chegar à mesa na temperatura certa e estar saboroso, o atendimento precisa ser cortês e eficiente e, nas grandes cidades, é bom que exista um lugar para estacionar o carro. Mesmo que tenha havido fila e você não goste da decoração, se os outros elementos estiverem presentes, compensarão eventuais fragilidades, porque são mais importantes. Parece simples ao falar, mas sabemos que o difícil é fazer, replicar e manter – sempre.

CONSISTÊNCIA E RECORRÊNCIA: ELIMINANDO AS MÁS SURPRESAS

Para criar e consolidar um relacionamento duradouro com seus consumidores e clientes, as marcas precisam apresentar, de maneira consistente e recorrente, os elementos mais importantes para a construção desse vínculo, ou seja, prazer e confiança. Mesmo que o cliente vá àquele restaurante do exemplo anterior a cada seis meses, ele espera que seu prato favorito tenha sempre a mesma qualidade. E também que isso aconteça de maneira recorrente, ou seja, todas as vezes que for ao estabelecimento, qualquer que seja a periodicidade.

Os quadros da relevância e da lealdade apresentados a seguir ajudam a empresa a definir quais são os pontos de contato entre ela e seus públicos, e, entre eles, quais fazem com que o cliente sempre volte a determinado estabelecimento ou sempre adquira certos produtos ou serviços. São ferramentas que levam à etapa seguinte do gerenciamento da experiência do consumidor, porque indicam com clareza o que é consistente e o que não é, assim como o que promove maior ou menor lealdade. Essas ferramentas também iluminam questões originadas das pesquisas e análises que embasaram a construção do mapa da experiência, permitindo fazer melhores escolhas com relação ao que tem maior potencial para desenvolver lealdade. Também conduzem ao enfrentamento de problemas comuns a muitas empresas, como onde investir, independentemente de custo, e quais são os pontos mais relevantes para o cliente.

Em 2009, desenhamos os quadros para a Valmari, posicionando os pontos essenciais nos quadrantes e ressaltando que os elementos mais importantes da experiência de marca se encontravam nos quadrantes superiores, à direita da ferramenta.

QUADRO DA LEALDADE

Eixo vertical: IMPORTÂNCIA (+ / −) · Eixo horizontal: − CONTRADITÓRIO / CONSISTENTE +

CETICISMO

- ineficácia do produto
- vendedor desinformado e insistente
- produto com pouco rendimento
- embalagens que vazam
- falta de disponibilidade do produto

CONFIANÇA

- recomendação profissional (esteticista e dermatologista)
- informações técnicas detalhadas (site, embalagem, catálogo, flyers do produto)
- matérias em revistas de beleza e especializadas
- SAC eficiente

CONTRADITÓRIO — **CONSISTENTE**

DESCONFIANÇA

- crítica de amigos e conhecidos
- formas e condições de pagamento diferentes em cada loja
- variação do desconto

INDIFERENÇA

- cross branding
- disposição dos produtos
- suporte ao profissional
- teste dermatológico

QUADRO DA RELEVÂNCIA

Eixo vertical: IMPORTÂNCIA (+ / −) · Eixo horizontal: − EXPERIÊNCIA / EXPERIÊNCIA +

HORROROSO

- fragrância forte
- manuseio difícil
- embalagens que vazam
- falta de área exclusiva para experimentação
- indisponibilidade do produto

PRAZEROSO

- embalagem bonita
- serviços/tratamentos profissionais
- fachada e vitrine
- amostra grátis
- ações de relacionamento (newsletter, e-mail marketing de aniversário, lançamentos e eventos)

EXPERIÊNCIA — **EXPERIÊNCIA**

DESAGRADÁVEL

- lista de preços disponível ao público (site, catálogo, loja)
- má iluminação
- climatização inadequada

DESEJÁVEL

- promoções (site, loja, televendas)
- estacionamento
- bom custo-benefício
- televendas

Com essa hierarquia em mente, recomendamos à empresa que, caso não tivesse tempo, capital, processos ou pessoas para fazer com que todos os elementos do quadro acontecessem simultaneamente, concentrasse seus esforços naqueles que, segundo nossas análises, eram cruciais para produzir lealdade e relevância. Ao dar essa sugestão a diversas empresas, não raro percebemos certo desconforto. "Como assim? Vamos deixar de lado os aspectos que o cliente considera desagradáveis?", costumo ouvir. A resposta é sim, pelo menos num primeiro momento.

Quando não for possível cumprir todos os pontos, é mais proveitoso trabalhar com eficiência os pontos identificados como fontes de prazer e confiança e evitar de modo sistemático as experiências/sensações descritas como "horrorosas", que despertam ceticismo no cliente. Depois de feita a lição de casa nesses aspectos cruciais para a experiência de marca, aí sim é possível empregar recursos nos quadrantes inferiores.

Embora seja desejável, raríssimas empresas conseguem proporcionar a seus clientes uma experiência de marca irretocável. É verdade que se trata de um objetivo complexo e cada vez mais difícil à medida que se ampliam os pontos de contato entre as marcas e seus públicos. Por isso, há que se considerar o velho ditado segundo o qual "não existe uma fórmula para o sucesso, mas para o fracasso há uma infalível: tentar agradar a todos".

Hoje, por meio de pesquisas bastante acuradas, é possível identificar que, digamos, 67% dos consumidores de certo produto tomam suas decisões de compra valorizando mais um aspecto da jornada, porém 33% levam em conta outro fator, às vezes em franca oposição ao preferido pela maioria. Muitas pessoas preferem ser atendidas em um SAC por outras pessoas. Outras preferem um robô. E aí? Minha recomendação é seguir o planejamento estratégico, que define os públicos e suas preferências e necessidades.

Num mundo complexo, é cada vez mais difícil ter sucesso. A única garantia é criar, de forma recorrente e consistente, experiências prazerosas.

Epílogo

O futuro pertence a quem souber antever

Na reunião de condomínio, os ânimos estavam alterados. De um lado, a empresa administradora do estacionamento do prédio, que havia cortado quase pela metade o valor pago pelos mensalistas. De outro, os proprietários das vagas, indignados com a perda de receita. O prédio em questão é um empreendimento comercial refinado próximo à avenida Brigadeiro Faria Lima, uma das mais nobres de São Paulo, com janelas espelhadas e pé-direito alto. Há duas décadas, quando o edifício foi inaugurado, era um excelente negócio comprar, além dos conjuntos comerciais, as vagas extras de estacionamento, oferecidas como unidades autônomas, e lucrar com o aluguel desses espaços a outros mensalistas e a avulsos, que ficava sob a administração de uma rede especializada e bastante renomada nesse ramo de negócio.

Durante muitos anos, os donos das vagas de fato garantiram uma boa renda, mas recentemente o cenário começou a mudar. Jovens que trabalham no prédio passaram a ir de bicicleta (há uma excelente ciclovia acompanhando o traçado da avenida praticamente de uma ponta a outra), de patinete elétrico, de transporte coletivo (foi inaugurada uma estação de metrô a duas quadras do edifício) ou em carros chamados por meio de aplicativos de mobilidade urbana, como Uber, 99, Cabify, BlaBlaCar e outros. Eu mesmo abri mão do carro há quase três anos e passei a me deslocar até o escritório de Uber.

As vagas do condomínio começaram a sobrar.

Na minha geração, quando se estava perto de completar 18 anos, começava a expectativa pelo primeiro carro. Comprado pelos pais, muitas vezes com sacrifício, era a concretização de um sonho de consumo, algo que representava identidade e, acima de tudo, liberdade. Esse sonho de liberdade mudou. Feitas as contas, nas grandes cidades brasileiras, ter um carro representa uma despesa significativa com IPVA, licenciamento, seguro, combustível, manutenção, estacionamento e eventuais multas. Liberdade, para muitos dos jovens trabalhadores de hoje, é não precisar pagar nenhuma dessas contas e circular livremente pela cidade utilizando o transporte mais coerente com cada local e ocasião.

O resultado dessa mudança de atitude é que, entre 2012 e 2018, o setor automotivo parou de crescer. As vendas de veículos novos no Brasil diminuíram a uma taxa média anual composta de 6,3%. No mesmo período, a queda total foi de 32,5%. Houve outros fatores, claro, como a crise econômica e a recessão que varreram o país. No entanto, mesmo quando a economia se recuperar, o compartilhamento de automóveis deve seguir como a realidade mais notável para os próximos anos. Uma pesquisa da consultoria PwC calcula que, até 2030, 1 a cada 3 quilômetros será rodado em veículos compartilhados e que os serviços de compartilhamento responderão por 22% de toda a receita gerada pelo setor, compondo um mercado de 1,5 trilhão de dólares.

No início de 2019, a IPO da Uber – pioneira no modelo de negócio de compartilhamento e caronas – elevou o valor de mercado da empresa a 82 bilhões de dólares mesmo sem ter dado um único dólar de lucro desde sua fundação, em 2009. Na Alemanha, a Volkswagen anunciou seu plano de tornar-se uma provedora de serviços de transporte, oferecendo compartilhamento de carros e aquisições digitais. No Brasil, houve uma pequena recuperação ao longo dos anos 2017-2018, mas nada altera o panorama de um setor da indústria que, mesmo tradicional, estabelecido e respeitável, terá que se reinventar dramaticamente nos próximos anos.

Mas voltemos à reunião de condomínio. Como já não houvesse tanta procura pelas vagas, a administradora do estacionamento decidiu baixar os preços e, com essa medida, conseguiu atrair alguns interessados. Nada, porém, que solucionasse o problema da queda na receita dos proprietários dos espaços, que reivindicavam acaloradamente a volta aos preços antigos. Enquanto ouvia a discussão, eu pensava que em breve o espaço de estacionamentos como o do edifício comercial onde trabalho deverá abrigar outros empreendimentos – quem sabe não se tornará uma área de lazer, com café, academia de ginástica, barbearia? As possibilidades são infinitas. Um de meus clientes à época, o Maksoud Plaza, estava passando justamente por essas mudanças e transformando-se em um hotel com um ecossistema de serviços.

Aqueles senhores indignados pareciam não entender, nem mesmo diante da argumentação honesta e eloquente dos administradores do estacionamento, que nos últimos anos o cenário havia mudado de maneira drástica. E que existe uma relação de causa e efeito, de demanda e oferta – simples assim. Recusavam-se a enxergar que o futuro tinha chegado, trazendo consequências graves para quem não percebeu o tsunami vindo nem se preparou para ele.

O fato é que essa é apenas a pontinha do iceberg de transformações colossais que viveremos nos próximos anos.

De modo geral, considera-se que houve três grandes processos históricos transformadores no mundo moderno. O primeiro, entre o final do século XVIII e as primeiras décadas do século XIX, consolidou-se com a introdução da produção mecanizada. O segundo, por volta de 1850, agregou a eletricidade aos processos industriais e abriu espaço para a produção em massa. O terceiro, no século XX, tem como marca o fortalecimento da tecnologia da informação e das telecomunicações. O momento que vivemos hoje costuma ser definido como a Quarta Revolução Industrial, mas há dissonâncias. "Existem três razões pelas quais as transformações atuais não representam uma extensão da Terceira Revolução Industrial, mas a chegada de uma revolução diferente: a velocidade, o alcance e o impacto nos sistemas", escreveu Klaus Schwab, fundador e diretor executivo do Fórum Econômico Mundial, em seu livro *A Quarta Revolução Industrial*, publicado em 2016. "A velocidade dos avanços atuais não tem precedentes na história e está interferindo em quase todas as indústrias de todos os países."

A humanidade já experimentou grandes inovações pontuais que impactaram setores inteiros, mas seus desdobramentos não foram tão abrangentes nem tão velozes quanto os que vemos nos dias de hoje. O advento do vapor, da eletricidade e das telecomunicações teve consequências vastas e extraordinárias, mas em um ritmo muito diferente. Hoje, é como se todas essas transformações estivessem ocorrendo simultaneamente. A tecnologia interfere no hardware, que interfere no comércio, na alimentação, nas relações sociais, na medicina. Pinçando um exemplo isolado, o carro autônomo mudará não apenas a maneira de nos deslocarmos, mas também a forma como as pessoas se comunicam, o consumo de alimentos e de mídias ao longo do trajeto, o jeito e o tempo do trabalho. São movimentos exponenciais que explicam o surgimento de organizações exponenciais. Pisamos em terreno fértil para inovações, e não apenas tecnológicas, mas em relação a adotar condutas muito diferentes das habituais. É como se estivéssemos em meio a um System Dynamics, o sistema descrito por John Sterman no livro homônimo que mostra um encadeamento de causas e efeitos. Só que numa escala nunca antes vista ou imaginada.

O modo mental de negação e de rejeição do futuro não se limita, infelizmente, aos senhores do meu condomínio empresarial. Muitos presidentes de empresa recusam-se a ver a tempestade se avizinhando. Um bom exemplo é o dos grandes grupos de comunicação, no Brasil e no mundo, que se recusaram a compreender que conteúdo já não é mais um bem a ser transacionado. Alguns deles, em pouco tempo, estarão extintos ou serão adquiridos à beira da falência por grupos e entidades que farão uso de seus ativos em modelos de negócio completamente diferentes daqueles que os originaram, como ocorreu em 2018 com a editora Abril. O grupo fundado por Victor Civita foi arrematado pelo valor simbólico de 1 real mais as dívidas acumuladas. Na esteira da Abril, certamente virão outras empresas, desse e de outros segmentos.

A exceção que confirma a tese fica por conta de Jeff Bezos, o fundador da gigante varejista Amazon, que em 2013 comprou o jornal americano *Washington Post*, então decadente, e transformou-o em um empreendimento rentável, reinventando o jornal como "uma companhia de mídia e tecnologia". Com um time de engenheiros tão parrudo quanto o de jornalistas, o jornal de Bezos publica mais de mil artigos por dia, de slideshows divertidos a apurações rigorosas de grandes escândalos.

Muitos outros setores estão bem perto do ponto de virada, aquele que definirá a perpetuidade ou a extinção do negócio. Para que fazer seguros automotivos se o carro deixou de ser um sonho de consumo? Para que ter tantas agências bancárias se cada vez mais as operações que antes nos levavam aos bancos podem ser feitas pelo celular, por autenticação digital ou por reconhecimento facial? Será que no futuro próximo as pessoas vão sonhar com a compra da casa própria ou do apartamento próprio? Será que caminhamos para a construção de prédios que sejam agrupamentos de casulos, para os quais nos retiraremos na hora de descansar, com grandes áreas comuns de lazer e convívio?

Empresas que não acompanharem atentamente seu segmento de negócios com olhar estratégico ficarão pelo caminho, muitas sendo compradas, outras desaparecendo porque os mercados se acabarão ou se transformarão e não haverá mais tempo de mudar.

Porém, o que é o pensamento estratégico em tempos exponenciais?

Os especialistas da Singularity University, um dos mais contemporâneos centros de práticas e pensamentos inovadores do mundo, fundada há pouco mais de uma década no vale do Silício pelo "futurólogo" Ray Kurzweil e pelo empreendedor Peter Diamandis, oferecem algumas pistas. Fazer as perguntas certas, por exemplo, será cada vez mais importante do que ter as respostas. O que faz todo o sentido, pois se acredita que em 2029 os computadores terão inteligência comparável à humana e, em 2030 – segundo os fundadores da Singularity –, nossos cérebros estarão conectados por meio de uma nuvem. Ou seja, nos tornaremos um híbrido de homem e máquina, ampliando dramaticamente o alcance da inteligência humana, que estará instalada em um corpo físico com potencial para viver até os 150 anos – com vigor e qualidade – graças aos progressos com que a medicina já acena.

Se há 20 anos o sequenciamento de DNA custava o mesmo que um moderno jato de guerra, hoje, nos Estados Unidos, vale o mesmo que uma pizza entregue na porta de casa. Graças a isso, mesmo o câncer, a mais temível das doenças do nosso tempo, poderá ser detectado em seu estágio anterior a zero. Não demora muito e até mesmo o vaso sanitário da sua casa será inteligente o suficiente para denunciar se o que você anda comendo desobedece às recomendações médicas.

E, se viveremos 150 anos, o que faremos de todos esses anos "extras" em relação à expectativa de vida do nosso tempo? Como isso afetará o ambiente de negócios?

A Red Bull, empresa austríaca fundada em 1987 que fabrica um único produto – o energético homônimo –, acredita na exponenciação do entretenimento. Em harmonia com essa percepção, patrocina centenas de atletas em países tão diversos quanto Omã e Namíbia (cerca de 30 no Brasil, entre eles o jogador Neymar Jr. e o atleta de crossfit Anderon Primo), bem como eventos esportivos e musicais. Com isso, tem ativado sua marca em todos esses lugares, fincando a bandeira que posicionará a empresa muito à frente de seus competidores quando eles enfim se derem conta de que o mundo está mudando rápido demais. Em 2018, a Red Bull vendeu 6,8 bilhões de bebidas – como se praticamente cada habitante do planeta tivesse tomado uma lata de Red Bull no ano. Ainda assim, parece claro que, cada vez mais, transforma-se em uma empresa de entretenimento que, circunstancialmente, ganhou fama por um produto de consumo.

Imaginar o futuro é um exercício dos mais difíceis, desconfortáveis e desconcertantes para a maioria das pessoas. No entanto, os pilares em que se baseiam o conceito e a metodologia derivada do ABOVE ALL© são perenes no mundo empresarial. Sempre será preciso construir uma estratégia para atender às mudanças e demandas. Sempre será preciso comunicar o que é a empresa para seus públicos e relacionar-se com eles. Sempre será preciso uma representação visual, independentemente da área de atuação. Sempre será preciso continuar projetando-se para o futuro, como faz a Amazon, uma das empresas mais inovadoras do mundo.

No mundo virtual, a Amazon já vende de livros – seu protótipo de vendas quando da criação da empresa, em 1994 – a automóveis, no mais completo e extraordinário marketplace do nosso tempo. Em 2017, quebrando o paradigma, a gigante do varejo eletrônico ingressou no varejo tradicional ao comprar a rede de alimentos saudáveis Whole Foods. Ela é tão poderosa que praticamente dita as normas do e-commerce no planeta; porém, não satisfeita, migrou para o mundo físico por meio de livrarias e de lojas onde vigora o Amazon Go: o cliente pega o que deseja e não precisa passar pela caixa, pois o sistema o reconhece e debita em seu cartão de crédito registrado anteriormente o valor dos produtos que ele levou. A Amazon entende que o futuro não necessariamente passa pela extinção dos modelos que temos hoje. Basta estar aberto a repensar o que existe e, se for o caso, pivotar o negócio em outra direção. A empresa pode ser digital, mas entende a importância do toque físico, da experiência sensorial.

Fazer um planejamento estratégico, de certo modo, sempre foi um exercício de pensar sobre o futuro. Mesmo que fosse sobre um futuro que logo chegaria. O planejamento clássico procurava contemplar os eventos dos próximos três a cinco anos e organizar os passos da empresa para que as metas combinadas se realizassem nesse intervalo. No conceito que criei e aprimorei na última década, incorporando o que aprendi ao aplicá-lo a dezenas de clientes ao longo dos anos, propus pensar no horizonte de décadas – a exemplo de nosso trabalho no Instituto Tênis, que planeja formar em suas quadras o próximo campeão mundial de tênis, um brasileiro, até 2033. Pode parecer temerário diante das transformações exponenciais do nosso tempo e das que se projetam para os dias que virão, porém seguimos acreditando nesse horizonte de tempo. O que vem mudando é a maneira de "fatiar" esse tempo.

Acredito que hoje é necessário fazer um planejamento estratégico minucioso ano a ano, porém sem perder de vista as próximas décadas. Se tenho uma empresa de seguros automotivos e, sabendo que esse segmento tende a perder força nos próximos anos, decido transformá-la em uma companhia de big data, então terei que programar pequenos ciclos anuais que me conduzam à realização desse planejamento estratégico. Será preciso olhar para o futuro e determinar, fase a fase, quais passos nos levarão a esse futuro. Também teremos que reorientar nosso modo mental. Em vez de projetar o futuro como a continuidade do nosso negócio, olharemos para outros negócios que poderão, nos tempos à frente, assegurar a conquista de novos mercados e, portanto, a própria continuidade do negócio.

Como em qualquer planejamento estratégico, haverá oscilações, imponderáveis e imprevistos, porém o caminho de longo prazo estará traçado.

O ponto de partida desse processo tão rico, energizante e desafiador para qualquer empresa, seja ela uma organização multitentacular, seja um pequeno empreendimento familiar, é um conhecimento profundo do próprio negócio, com suas forças e fragilidades, sem medo de assumi-las e de buscar rotas para superar os pontos fracos e valorizar o que a empresa tem de mais consistente, dinâmico e único.

Também será preciso conhecer a sociedade e seus rumos, bem como as variáveis que vão promover as mudanças comportamentais, tecnológicas e ambientais, para então dispor estrategicamente dos ativos que se tem. Em raríssimos casos será possível realizar uma ruptura notável, especialmente em empresas grandes, globais, bem estabelecidas. No entanto, em um ambiente marcado pela inovação e pelo olhar para o futuro, será possível promover minirrupturas periódicas e quebrar barreiras, sobretudo mentais, em direção à continuidade do negócio – que poderá se dar sob condições completamente diferentes das que se tem hoje.

Uma de minhas últimas recomendações é que você e sua empresa sejam capazes de criar o futuro, definindo novos conceitos e modelos para que, em determinado espaço de tempo, deixem de acompanhar as mudanças e passem a moldá-las ao seu julgamento. Se é fundamental antever o futuro, melhor ainda é criar esse futuro.

Para isso, teremos que encontrar um novo olhar. Adotar uma postura de inconformismo, lembrando sempre que os ativos que nos trouxeram até aqui, até agora, não necessariamente – aliás, dificilmente – serão suficientes para nos conduzir a um futuro de sucesso. Talvez seja uma questão de vida ou morte para o negócio desenvolver esses ativos, em associação com outros que ainda não se tem, de modo a produzir um novo conjunto de elementos e, com eles, atender a esse mercado futuro que ainda não conhecemos. Vêm aí tempos muito, muito interessantes.

Agradecimentos

Este livro foi concebido em pouco mais de três anos de trabalho, no entanto representa o conjunto da obra de 45 anos de vida e 27 de experiência profissional e empresarial. Sou verdadeiramente grato aos amigos e aos inimigos, aos colegas e aos desafetos, aos parceiros e aos concorrentes, aos clientes e aos não clientes, pois todos, sem exceção, contribuíram para que algum aprendizado fosse extraído de cada acontecimento.

Minha gratidão aos senseis Fuyuo Oide (1919-1998) e Sergio Akira Oide, meus mestres de judô, pelas técnicas milenares que me transmitiram, e a todos os colaboradores, professores, coordenadores, orientadores e diretores do Colégio Dante Alighieri, em especial à orientadora Munira Salomão (*in memoriam*), e aos assistentes da diretoria Odette Teixeira Pinheiro Friães (*in memoriam*), Cesar da Silva Filho e José Carlos Martins da Silva, que instilaram em mim os valores e princípios fundadores do que sou hoje como indivíduo, profissional e cidadão.

Um agradecimento especial a Alberto Rufini e Luiz Fernando Buzolin, diretores da Varga Serviços, que me aceitaram como seu mais jovem franqueado quando eu tinha apenas 20 anos, e a Carlos Alberto de Souza e Antonio Herculano Macuco Giordano, pela parceria de 1996 a 2005.

À família Schiavino, com a qual convivi por mais de 20 anos: à minha ex-esposa, Roberta, pelo apoio e companheirismo; à dona Elizabeth, por tanto zelo; à Paula, pelo carinho; e, em especial, ao Sr. Roberto Antonio, pela amizade e as incontáveis horas de aconselhamentos, conversas e reflexões que tanto contribuíram para a minha jornada profissional, empresarial e pessoal.

Desde nosso primeiro encontro, meu sogro, Luiz Najman (1940-2016), me tratou com afeto e admiração de pai, sempre me contando histórias de família e de suas empresas que tanto me cativavam e inspiravam.

Eu havia acabado de completar 30 anos quando me tornei diretor da Rede Zacharias de Pneus. Devo isso à confiança que Roberto Faldini depositou em mim. Agradeço também a amizade de Marcelo Tommasi e a acolhida que me deram Ana Paula Tuma Zacharias, Ana Claudia Tuma Zacharias e, especialmente, Anna Maria Tuma Zacharias.

Na Giacometti Propaganda e Branding aprendi na prática como funciona o mercado de publicidade e propaganda no Brasil. Meu agradecimento aos sócios, Hiran Castello Branco e Marcelo Magalhães; aos diretores de criação, Julio Dória Isnard e Daniel Federico Rasello, e, em especial, ao próprio Dennis Aurélio Giacometti, por terem me recebido como diretor associado.

Guardo um agradecimento especial a pessoas cujos pequenos gestos marcaram minha trajetória. O Sr. Pedro Vitoretti apalavrou por telefone a locação do imóvel que sedia a SONNE desde sua fundação, acreditando nesse projeto de vida sem sequer me conhecer pessoalmente. Na fase de pesquisas sobre o nome que minha empresa teria, Maria Aparecida da Cunha gentilmente pediu à Sra. Gerda Margarete Bleidorn sugestões de palavras de origem alemã. O bilhete, escrito de próprio punho com as palavras WELT, SONNE, MOND e STERN, está guardado para sempre. Andre De Vivo foi um mentor implacável em minha preparação para ingressar no mercado de serviços profissionais; além disso, ele e Marcos Wilson Pereira, seu sócio à época no fundo de investimento Endurance Partners, foram os primeiros clientes SONNE.

Sou grato aos sócios Ivan Chermayeff, Tom Geismar e Sagi Haviv, do estúdio Chermayeff & Geismar & Haviv, pela parceria com este que é um dos mais reconhecidos estúdios do mundo na área de design gráfico. Meu muito obrigado também a Alexandre Couto Guimarães e Jose Messias Costa da Silva, da Global Partners.

Muitos profissionais contribuíram para a realização deste livro. Sibelle Pedral, a genial artesã das palavras, abraçou e mergulhou fundo comigo neste projeto. Estudou, compreendeu, filtrou, amarrou e lapidou minhas palavras, ideias, histórias, cases, conceito e metodologia como se estivesse dentro da minha cabeça, lendo minha mente, o que não é fácil nem mesmo para quem atua no ambiente empresarial. Por fim, entrevistou todos os meus clientes individualmente. Se a ajuda oferecida não deve ser cobrada por quem a praticou, jamais em tempo algum pode ser esquecida por quem a recebeu. Serei sempre grato a minha publisher, Virginie Leite, pelo excepcional suporte e pelas orientações técnicas, pelas dicas sobre as melhores práticas, pelo minucioso e engenhoso trabalho editorial e, muito além disso, pelo respeito, carinho e entusiasmo com que cuidou deste projeto do começo ao fim. Rany Sumida participou das primeiras reuniões, coletando e organizando os materiais. Lucimara Echeverria, a pessoa que organiza minha vida pessoal, profissional e familiar, foi incansável na marcação de entrevistas e follow-ups. Com sua inacreditável memória e sua habilidade de organizar tudo que diz respeito à SONNE, o estagiário, analista, coordenador e agora sócio Gustavo Giusti dedicou-se com lealdade e competência a fazer tudo acontecer. É uma das poucas pessoas com quem me vejo trabalhando sem limitação em qualquer horizonte de tempo.

Durante a redação, tornei-me pai e pude contar com a ajuda inestimável de Fernanda Santos Rocha, Juliana Fernandes Nogueira, Suellen de Oliveira Gregório, Nilda Rosique e Eliene Barbosa dos Santos. Elas foram fundamentais, liberando meu tempo para que este livro fosse escrito.

Deixo uma palavra especial à incomparável consultora e pesquisadora Maria Cristina Mastopietro, a Kita, com quem tive o privilégio de realizar projetos de pesquisa profundos e complexos para alguns dos clientes SONNE. Kita é uma das pessoas com quem mais aprendi em toda a minha carreira.

Adriana Salles Gomes, da revista *HSM Management* e do portal HSM Experience, me apoiou na publicação de artigos que estão na gênese desta obra. Também agradeço a Ana de Magalhães e Christina Carvalho, da revista *Harvard Business Review*.

Por fim, deixo aqui meu apreço e minha admiração a todos os membros da equipe SONNE que acreditaram, participaram e contribuíram de alguma forma ou da sua forma, ao longo desses anos, tanto para a SONNE quanto para o desenvolvimento e a clareza do conceito e da metodologia ABOVE ALL©. Estendo minha gratidão a todos os clientes SONNE que estiveram conosco na jornada extraordinária que resultou neste livro e, em especial, àqueles que generosamente compartilharam suas experiências com nossa metodologia para esta obra: Andre De Vivo, Marcos Wilson Pereira,

Maria Rita Resende (Valmari); Atílio Barbosa, Jeferson Barros Jr., Elizabeth Vaz, Daniel Borghi e Laura Guaraná (Medcel); Claudio Sassaki (Geekie); Cristiano Borrelli, Nelson Aerts, Fernando Gentil e Hugo Passarelli Scott (Instituto Tênis); Edna Onodera e Lucy Onodera (Onodera); Fernando Chacon (Itaú); Henry Maksoud Neto (Maksoud Plaza); Igor Schultz e Luiz Gustavo Mariano (Flow); Jerome Cadier (Latam); Marcos Bruno, Rafael Bruno e Willian Bull (Pieron); Maria Eugênia Rocha, Henrique Freitas e Renato Costa (JBS-Friboi); Murilo Riedel e Paulo Moraes (HDI Seguros); Roberto Alcântara (Angelus); e Rodrigo Bonadia (Petroplus).

A lista é longa e, antecipadamente, peço desculpas às pessoas que por certo esqueci de mencionar aqui. Não sou menos grato a cada uma delas. Meu abraço fraterno a: Alexandre Apud, Bárbara Galvão Martins, Jose Carlos Tinoco Soares Junior, Mauro Travanse de Moraes, Sandra Costa, Regiane Zavagli, Eduardo Dantas Sanches, Renato Sarzano, Vicente de Almeida Junior, Rogério Chaves de Aguiar e Luiz Carlos Zanaroli, Urgeuten Olyvaera, João Cordeiro, Andrea dos Santos Piscitelli, Dimitri Abudi, Salvio José Luiz, Luciana Morse (e minha gratidão especial à saudosa Joana Luzia da Rocha Fragoso, *in memoriam*), Andrea Oricchio, Eduardo Len, Flávia Morais, Pedro Nahas, Vicente dos Anjos, Paulo Veras, Flavia Angeli Ghisi Nielsen, Daniel Barros, Luiz Fernando Halembeck, Paula Mena Barreto, Bruno Lista e toda a equipe da Trattoria Villa Dei Cesare, onde almoço todos os dias.

Concluo elencando na próxima página os valores que norteiam minhas decisões e escolhas de vida, e que cultivo na SONNE. Graças a eles chegamos até aqui.

- GRATIDÃO – Agradeça por quem você é e por aquilo que recebe.
- GRANDEZA – Compartilhe suas realizações com seus pares.
- ENERGIA – Trabalhe mais do que todo mundo.
- LEALDADE – Seja leal a valores, não a pessoas.
- CAPACIDADE – Desenvolva seu potencial máximo durante toda a vida.
- REALIZAÇÃO – Pense sobre o que gostaria que dissessem sobre você depois que morrer.
- PROSPERIDADE – Cuide das questões complexas e com efeitos de longo prazo em primeiro lugar.
- AFINCO – Persiga seus sonhos incansavelmente.
- CONVICÇÃO – Seja o condutor de sua vida, pois é a única que você possui.
- BRIO – Não faça aquilo que levaria você a sentir ódio de si mesmo.
- DIGNIDADE – Saiba que é hora de partir quando se sentir infeliz, desvalorizado ou substituível.

Referências

Aaker, David A. *Construindo marcas fortes*. Porto Alegre: Bookman, 2007.

Abrams, Rhonda. *The Sucessful Business Plan*. The Planning Shop, 1º de abril de 2003.

Brett, Jeanne. *HBR's 10 Must-Reads on Managing Across Cultures*. HBR, 2016.

Buckingham, Marcus. *Descubra seus pontos fortes*. Rio de Janeiro: Sextante, 2008.

Calloway, Joe. *Becoming a Category of One*. Wiley-Blackwell, 14 de agosto de 2003.

Carnegie, Dale. *Como fazer amigos e influenciar pessoas*. Rio de Janeiro: Sextante, 2019.

Carse, James P. *Jogos finitos e infinitos*. Rio de Janeiro: Nova Era, 2003.

Charan, Ram; Kahneman, Daniel. *HBR's 10 Must-Reads on Making Smart Decisions*. HBR, 2013.

Choudary, Sangeet Poul; Van Alstyne, Marshall W.; Parker, Geoffrey G. *Plataforma: A revolução estratégica*. São Paulo: HSM, 2016.

Christensen, Clayton M. et al. *HBR's 10 Must-Reads on Strategic Marketing*. HBR, 2013.

Christensen, Clayton M. et al. *Desafios da gestão*, série 10 Leituras Essenciais/Harvard Business Review. Rio de Janeiro: Sextante, 2018.

Cialdini, Robert; Morgan, Nick; Tannen, Deborah. *HBR's 10 Must-Reads on Communication*. HBR, 2013.

Collins, James C.; Porras, Jerry I. *Feitas para durar*. Rio de Janeiro: Rocco, 1995.

Csikszentmihalyi, Mihaly. *Flow*. Nova York: Harper Perennial, 1990.

Cunha, Antônio Geraldo da. *Dicionário etimológico da língua portuguesa*. Rio de Janeiro: Lexikon/Faperj, 2010.

Drucker, Peter F.; Christensen, Clayton M.; Govindarajan, Vijay. *HBR's 10 Must-Reads on Innovation*. HBR, 2013.

Drucker, Peter F.; Goleman, Daniel; George, Bill. *HBR's 10 Must-Reads on Leadership*. HBR, 2016.

Duckworth, Angela. *Garra: O poder da paixão e da perseverança*. Rio de Janeiro: Intrínseca, 2016.

Edler, Richard. *Ah se eu soubesse... O que pessoas bem-sucedidas gostariam de ter sabido 25 anos atrás*. São Paulo: Negócio, 2001.

Fifer, Robert. *Dobre seus lucros*. Rio de Janeiro: Agir, 2012.

Gawer, Annabelle; Cusumano, Michael A.; Yoffie, David B. *The Business of Platforms*. Nova York: HarperCollins, 2019.

Gerstner, Louis V. *Who Says Elephants Can't Dance?*. Nova York: HarperBusiness, 2003.

Gladwell, Malcom. *Blink: A decisão num piscar de olhos*. Rio de Janeiro: Sextante, 2016.

Goleman, Daniel; Hansen, Morten T.; Boyatzis, Richard E. *HBR's 10 Must--Reads on Collaboration*. HBR, 2013.

Goleman, Daniel et al. *Gerenciando pessoas*. Rio de Janeiro: Sextante, 2018.

Horowitz, Ben. *O lado difícil das situações difíceis*. São Paulo: Martins Fontes, 2015.

Ismail, Salim. *Organizações exponenciais*. Rio de Janeiro: Alta Books, 2015.

Jaques, Elliott. *Requisite Organization*. Fleming Island, Flórida: Cason Hall, 2006.

Júlio, Carlos Alberto. *A arte da estratégia*. Rio de Janeiro: Campus, 2005.

Jung, C. G. *Os arquétipos e o inconsciente coletivo*. Petrópolis: Vozes, 2013.

Katzenbach, Jon R.; Eisenhardt, Kathleen M.; Gratton, Lynda. *HBR's 10 Must-Reads on Teams*. HBR, 2013.

Keller, Gary W.; Papasan, Jay. *The One Thing*. Texas: Bard Press, 2013.

Kim, W. Chan; Mauborgne, Renée. *A estratégia do oceano azul*. Rio de Janeiro: Sextante, 2018.

Kotler, Philip. *Administração de marketing*. São Paulo: Prentice Hall, 2006.

_____. *Marketing lateral*. Rio de Janeiro: Campus, 2004.

_____. *Marketing para o século XXI*. São Paulo: Futura, 1999.

_____. *Princípios de marketing*. São Paulo: Prentice Hall, 2003.

Kotler, Philip et al. *Marketing 4.0: Do tradicional ao digital*. Rio de Janeiro: Sextante, 2017.

Kurzweil, Raymond. *The Singularity Is Near*. Londres: Penguin Books, 2006.

Lane, Randall. *Pense como os novos bilionários*. São Paulo: HSM, 2015.

Liddell Hart, B. H. *Strategy*. Nova York: Plume, 1991.

Lindstrom, Martin. *A lógica do consumo*. Rio de Janeiro: Nova Fronteira, 2008.

Maquiavel, Nicolau; Musashi, Miyamoto Sunzi. *O essencial da estratégia*. São Paulo: Novo Século, 2016.

Mark, Margaret; Pearson, S. Carol. *O herói e o fora da lei*. São Paulo: Cultrix, 2003.

Mauborgne, Renee; Kim, W. Chan; Kotter, John P. *HBR's 10 Must-Reads on Change Management*. HBR, 2011.

Mintzberg, Henry; Ahlstrand, Bruce; Pampel, Joseph. *Safári de estratégia*. Porto Alegre: Bookman, 2010.

Mlodinow, Leonard. *O andar do bêbado*. Rio de Janeiro: Zahar, 2009.

Moeller, Leslie; Landry, Edward. *Os 4 pilares da lucratividade*. Rio de Janeiro: Campus, 2010.

Moura, Moacir. *Os segredos da loja que vende*. Rio de Janeiro: Negócio, 2003.

Nadella, Satya; Nichols, Jill Tracie; Shaw, Greg. *Hit refresh*. Nova York: HarperCollins, 2017.

Nagle, Thomas T.; Holden, Reed K. *Estratégias e táticas de preços: Um guia para decisões lucrativas*. São Paulo: Prentice Hall, 2003.

Onions, C T. *Oxford Dictionary of English Etymology* (1895). Oxford: Oxford University Press, 1966.

Pessek, Kurt. *Dicionário de palavras interligadas*. Brasília: Thesaurus, 2010.

Porter, Michael E.; Kim, W. Chan. *HBR's 10 Must-Reads on Strategy*. HBR, 2009.

_____. *Competição*. Rio de Janeiro: Campus, 2009.

_____. *Estratégia competitiva*. Rio de Janeiro: Campus, 1991.

Reichheld, Frederick F. *A estratégia da lealdade*. Rio de Janeiro: Campus, 1996.

Reillier, Laure Claire; Rellier, Benoit. *Platform Strategy*. Abingdon: Routledge, 2017.

Rogers, David L. *The digital transformation playbook*. Nova York: Columbia Business School, 2016.
Ronnberg, Ami. *The Book of Symbols*. Colônia: Taschen, 2010.
Sampaio, Rafael. *Propaganda de A a Z*. Rio de Janeiro: Campus, 2013.
Schopenhauer, Arthur. *Como vencer um debate sem precisar ter razão*. Rio de Janeiro: Topbooks, 2003.
Silveira, Nise da. *Jung: Vida e obra*. Rio de Janeiro: Paz e Terra, 2003.
Slywotzky, Adrian; Morrison, David J. *A estratégia focada no lucro*. Rio de Janeiro: Campus, 1998.
Sondermann, Ricardo. *Churchill e a ciência por trás dos discursos*. São Paulo: LVM, 2018.
Tybout, Alice M.; Calkins, Tim. *Branding*. São Paulo: Atlas, 2006.
Sun Tzu. *A arte da guerra*. São Paulo: Lafonte, 2018.
Ury, William. *Como chegar ao sim com você mesmo*. Rio de Janeiro: Sextante, 2015.
Welch, Jack. *Execução: A disciplina para atingir resultados*. Rio de Janeiro: Campus, 2010.

ARTIGOS:

Barnett, Robert; Davis, Sandra. "Creating Greater Sucess in Succession Planning". *Advances in Developing Human Resources*, Sage Journals, 1º de outubro de 2008.
Birkinshaw, Julian; Goddard, Jules. "What is your management model?". *MITSloan Management Review*, vol. 50, nº 2, inverno de 2005.
Clark, Kim B; Wheelwright, Steven C. "Organizing and Leading 'Heaveyweight' Development Teams". *California Management Review* 34, nº 3, primavera de 1992, pp. 9-28.
Collins, James C; Porras, Jerry I. "Building your company's vision". *Harvard Business Review*, setembro-outubro de 1996.
Collis, David; Rukstad, Michael G. "Can you say what your strategy is?". *Harvard Business Review*, abril de 2008.
Craig, Nick; Snook, Scott. "From purpose to impact". *Harvard Business Review*, maio de 2014.

Dawar, Niraj. "When Marketing is strategy". *Harvard Business Review*, dezembro de 2013.

Fowke, Donald V. "Thinking about organization strategically". Em "Succession Planning: An Answer to the Challenge". *OrgVue*, 27 de novembro de 2013.

Jaques, Elliot; Stamp, Gillian. "Level and type of capability in relation to executive organization". Londres: Brunel University, 1990.

Jaques, Elliot. "Are you big enough for your job? Is your job big enough for you?". Em Judith McMorland, *Business Review*, vol. 7, nº 2.

Jaques, Elliot. "In praise of hierarchy". *Harvard Business Review*, fevereiro de 1990.

Johnson, Mark W.; Christensen, Clayton M.; Kagermann, Henning. "Reinventing your business model". *Harvard Business Review*, dezembro de 2008.

Keeley, Larry; Pikkel, Ryan; Quinn, Brian; Walters, Helen. "Ten Types of Innovation". Wiley-Blackwell, abril de 2013.

Lemieux, Victoria. "Applying Mintzberg's theories on organizational configuration to archival appraisal". *The Journal of the Association of Canadian Archivists*, 1998.

Mankins, Michael C.; Steele, Richard. "Turning great strategy into great performance". *Harvard Business Review*, julho de 2005.

Martin, Roger L. "Separar a estratégia da execução é a fórmula do insucesso". *Harvard Business Review*, São Paulo, nº 7, julho de 2010.

Michel, Stefan. "Capture more value". *Harvard Business Review*, outubro de 2014.

Schoemaker, Paul J. H.; Krupp, Steve; Howland, Samantha. "Strategic leadership: The essential skills". *Harvard Business Review*, janeiro-fevereiro de 2013.

Schuler, Randall S. "Strategic Human Resources Management". Wiley-Blackwell, 2007.

Weihrich, Heinz. "The TOWS Matrix – A tool for situational analysis". *ScienceDirect*, Elsevier, vol. 15, 2ª ed., abril de 1982, pp. 54-66.